MW01706341

BILBO

JEUNESSE

Collection dirigée par
Marie-Josée Lacharité

Du même auteur chez Québec Amérique

Jeunesse

SÉRIE PETIT BONHOMME

Le Corps du Petit Bonhomme, coll. Album, 2005.
Les Images du Petit Bonhomme, coll. Album, 2003.
Les Chiffres du Petit Bonhomme, coll. Album, 2003.
Les Musiques du Petit Bonhomme, coll. Album, 2002.
Les Mots du Petit Bonhomme, coll. Album, 2002.

SÉRIE PETIT GÉANT

Le Dernier Cauchemar du petit géant, coll. Mini-Bilbo, 2007.
Le Grand Ménage du petit géant, coll. Mini-Bilbo, 2005.
Le petit géant somnambule, coll. Mini-Bilbo, 2004.
Les Animaux du petit géant, coll. Mini-Bilbo, 2003.
Le Camping du petit géant, coll. Mini-Bilbo, 2002.
L'Orage du petit géant, coll. Mini-Bilbo, 2001.
La Nuit blanche du petit géant, coll. Mini-Bilbo, 2000.
La Planète du petit géant, coll. Mini-Bilbo, 1999.
Les Voyages du petit géant, coll. Mini-Bilbo, 1998.
La Fusée du petit géant, coll. Mini-Bilbo, 1998.
L'Hiver du petit géant, coll. Mini-Bilbo, 1997.
Les Cauchemars du petit géant, coll. Mini-Bilbo, 1997.

SÉRIE NOÉMIE

Noémie 19 - Noémie fait son cinéma !, coll. Bilbo, 2009.
Noémie 18 - La Baguette maléfique, coll. Bilbo, 2008.
Noémie 17 - Bonheur à vendre, coll. Bilbo, 2007.
Noémie 16 - Grand-maman fantôme, coll. Bilbo, 2006.
Noémie 15 - Le Grand Amour, coll. Bilbo, 2005.
Noémie 14 - Le Voleur de grand-mère, coll. Bilbo, 2004.
Noémie 13 - Vendredi 13, coll. Bilbo, 2003.
Noémie 12 - La Cage perdue, coll. Bilbo, 2002.
Noémie 11 - Les Souliers magiques, coll. Bilbo, 2001.
Noémie 10 - La Boîte mystérieuse, coll. Bilbo, 2000.
Noémie 9 - Adieu, grand-maman, coll. Bilbo, 2000.
Noémie 8 - La Nuit des horreurs, coll. Bilbo, 1999.
Noémie 7 - Le Jardin zoologique, coll. Bilbo, 1999.
Noémie 6 - Le Château de glace, coll. Bilbo, 1998.
Noémie 5 - Albert aux grandes oreilles, coll. Bilbo, 1998.
Noémie 4 - Les Sept Vérités, coll. Bilbo, 1997.
Noémie 3 - La Clé de l'énigme, coll. Bilbo, 1997.
Noémie 2 - L'Incroyable Journée, coll. Bilbo, 1996.
Noémie 1 - Le Secret de Madame Lumbago, coll. Bilbo, 1996.
- **Prix du Gouverneur général du Canada 1996**

Ma meilleure amie, coll. Album, 2007.
- **Prix du Gouverneur général du Canada 2008 - Illustrations**
- **Prix Alvine-Bélisle 2008**

La Nuit rouge, coll. Titan, 1998.

Adulte

Les Parfums d'Élisabeth, coll. Littérature d'Amérique, 2002.
Le Mangeur de pierres, coll. Littérature d'Amérique, 2001.

Moi, Noémie
et les autres

Catalogage avant publication de Bibliothèque et Archives nationales du Québec et Bibliothèque et Archives Canada

Tibo, Gilles
Moi, Noémie et les autres
(Bilbo ; 155)
Pour les jeunes.
ISBN 978-2-7644-0709-7
I. Titre. II. Collection: Bilbo jeunesse ; 155.
PS8589.I26M583 2009 jC843'.54 C2009-940617-9
PS9589.I26M583 2009

Conseil des Arts du Canada Canada Council for the Arts

SODEC Québec

Nous reconnaissons l'aide financière du gouvernement du Canada par l'entremise du Programme d'aide au développement de l'industrie de l'édition (PADIÉ) pour nos activités d'édition.

Gouvernement du Québec – Programme de crédit d'impôt pour l'édition de livres – Gestion SODEC.

Les Éditions Québec Amérique bénéficient du programme de subvention globale du Conseil des Arts du Canada. Elles tiennent également à remercier la SODEC pour son appui financier.

Québec Amérique
329, rue de la Commune Ouest, 3e étage
Montréal (Québec) H2Y 2E1
Téléphone: 514 499-3000, télécopieur: 514 499-3010

Dépôt légal: 3e trimestre 2009
Bibliothèque nationale du Québec
Bibliothèque nationale du Canada

Révision linguistique: Annie Pronovost et Chantale Landry
Mise en pages: Andréa Joseph [pagexpressvideotron.ca]
Conception graphique: Isabelle Lépine
Illustration de la couverture : Pablo Pasadas, colagene.com

Imprimé au Canada

Moi, Noémie
et les autres

GILLES TIBO

QUÉBEC AMÉRIQUE jeunesse

À tous les
buveurs de café,
marcheurs solitaires,
musiciens de rue,
voyageurs en transit
qui, d'un geste du cœur
ou de la main,
inspirent l'écriture
de la vie courante.

Tout être porte
sur son dos l'obscurité
et serre dans ses bras
la lumière…

Lao Tseu

En guise de prologue

Il fait chaud. C'est l'été. La ville ressemble à un grand fourneau. Les rires et les cris des enfants bondissent en écho dans les ruelles, les parcs, les cours arrière. On se promène à vélo, on joue au ballon, on saute à la

corde et on patauge dans les piscines pour oublier la canicule…

C'est le temps des vacances pour les écoliers, les enseignants, les directeurs d'école et aussi, en théorie, pour moi. À cette période-ci de l'année, c'est-à-dire en juillet, mes textes prévus pour l'automne sont tous rendus à l'imprimerie. Finis les appels téléphoniques, les courriels, les rendez-vous, les réunions pour corriger un manuscrit, vérifier une illustration ou revoir une mise en pages.

Afin de profiter de cette accalmie, je décide de retarder l'écriture de mes futurs albums et autres textes destinés aux tout-petits pour me lancer dans la rédaction d'un deuxième roman pour les adolescents.

J'ouvre toutes grandes les fenêtres de mon bureau. Je dépose un pichet d'eau froide sur ma table de travail. Je m'installe devant mon ordinateur et je laisse voguer mon imagination jusqu'à ce qu'elle se fixe sur un personnage, une histoire, une intrigue. Mais aujourd'hui, un grand silence m'envahit. Aucun adolescent, même virtuel, ne vient chatouiller mon inspiration.

Mes doigts restent suspendus au-dessus du clavier. Je n'ai plus de mots, de phrases, de dialogues, ni dans la tête ni dans le cœur. Mon esprit, fatigué par des mois et des mois d'écriture, ne demande qu'à se reposer.

Alors, pour me changer les idées et pour me dégourdir les jambes, je quitte la maison et je visite les librairies d'occasion de la rue Mont-Royal. Rien ne me stimule davantage que de sentir l'odeur des livres, d'en ouvrir un au hasard et de lire un paragraphe, juste pour en goûter le style. Mais aujourd'hui, j'ai beau feuilleter de nombreux bouquins, ils sont tous incolores et inodores. Je reste insensible à la saveur des mots.

Je quitte les librairies pour m'engouffrer dans un restaurant climatisé. Pendant mon repas, je note sur le napperon certains endroits où je pourrais prendre des vacances. Finalement, les possibilités sont très réduites. Il est trop tard pour louer un chalet… Je n'aime pas faire du camping… Et il est pratiquement impossible d'aller visiter mes amis à la campagne : la plupart d'entre eux ont quitté la ville, soit pour la mer, soit pour la montagne, soit pour d'autres pays… Comme je déteste voyager, il ne me reste qu'une solution : prendre une semaine de repos à Montréal et, ensuite, continuer l'écriture de mon roman pour les adolescents.

Je sors du restaurant climatisé. Je marche en admirant le soleil qui lance ses derniers rayons au bout de la rue Saint-Denis puis, de retour chez moi, je m'assois sur le balcon du deuxième étage. De là-haut, je regarde les grands arbres se balancer au-dessus des toits. Ensuite, ne sachant plus que faire, j'épie les passants qui déambulent, en bas, sur le trottoir.

Plusieurs couples d'amoureux, soudés l'un à l'autre, glissent lentement vers le parc Lafontaine. Un groupe de jeunes, casquette vissée sur la tête, se dirige vers la rue Mont-Royal.

Parmi les promeneurs solitaires, deux silhouettes s'approchent :

une vieille dame accompagnée par une fillette. Elles marchent en se tenant la main, s'arrêtent parfois, tournent la tête, jettent un œil sur les numéros de porte, puis reprennent leur promenade. Elles disparaissent sous mon balcon, mais, contrairement aux autres piétons, elles ne réapparaissent pas de l'autre côté. Mon cœur sursaute lorsque la vieille dame murmure :

— Mon Dieu Seigneur, je crois que c'est ici !

La petite fille demande :

— En êtes-vous certaine, grand-maman Lumbago ?

— Mon Dieu Seigneur, oui, oui, c'est bien son adresse… le 4301… Il habite ici…

— Mais, grand-maman… c'est une maison ordinaire…

La vieille dame soupire :

— Voyons Noémie! Pourquoi la maison d'un écrivain serait-elle différente d'une autre maison?

La petite fille ne répond pas. La vieille dame ajoute:

— Bon! Si tu veux lui laisser ta lettre, la boîte est ici!

1

La petite fille et la vieille dame

Le couvercle de ma boîte aux lettres se lève, se referme. Je n'en reviens tout simplement pas. C'est la première fois que je vis une telle expérience. Les lettres d'enfants me sont toujours livrées par le facteur… Jamais par mes personnages!

La vieille dame et la petite fille s'éternisent sous mon balcon… Noémie chuchote:

—J'espère que personne ne lui dévoilera notre secret!

—Mais non, ne t'inquiète pas!

Un secret! Quel secret? Mon imagination galope comme un cheval sauvage. Je pense à un trésor caché, à un secret de famille, à une faute inavouable…

Finalement, les deux visiteuses rebroussent chemin. La vieille dame pose sa main sur l'épaule de la petite fille. J'assiste, en direct, à l'une des nombreuses scènes d'affection entre Noémie et sa grand-maman Lumbago. Je devine les mots qui tournent dans la tête de la fillette, ainsi que les émotions dans le cœur de la grand-mère.

Les deux visiteuses se rendent à l'intersection de la première ruelle, tournent à droite et disparaissent derrière un escalier. En les voyant s'éclipser, il me vient une pulsion incontrôlable. Je quitte mon balcon, pénètre dans

la maison, descends l'escalier intérieur et me retrouve en bas, sur le palier. J'ouvre la boîte aux lettres, m'empare de la missive sur laquelle je peux lire *Pour Monsieur Gilles Tibo* et la glisse au fond de ma poche. Je cours sur le trottoir, m'arrête au coin de la ruelle, avance la tête et aperçois les deux silhouettes, main dans la main, qui s'éloignent. L'éclat d'un réverbère illumine le dessus de leurs têtes jusqu'à ce que leurs ombres s'allongent, puis rapetissent en passant sous une autre source de lumière.

Elles traversent trois rues et tournent à gauche à la quatrième. Je les suis en catimini, me cachant derrière des balcons, des poteaux électriques, des amas de poubelles. La petite voix de Noémie perce le silence. Sa grand-mère répond à voix basse… Elles s'approchent d'un dépanneur, y entrent et y restent quelques minutes. La fillette en ressort la première en bondissant sur le trottoir, suivie par la vieille dame, qui porte un sac à la main. J'y reconnais la forme d'un litre de lait ainsi qu'un pain. Elles se dirigent vers la rue Mont-Royal, mais ne s'y rendent pas. Elles s'arrêtent devant un duplex, un duplex en tous points pareil à celui que j'avais imaginé pour *Noémie 1 - Le Secret de Madame Lumbago.*

Je suis sidéré… Des frissons me parcourent le dos.

Les deux visiteuses discutent puis s'embrassent. La plus jeune court vers la porte du rez-de-chaussée, l'ouvre et se glisse derrière. La plus vieille monte lentement l'escalier extérieur, s'arrête en haut, reprend son souffle, puis déverrouille la porte d'entrée et disparaît à son tour.

Je me retrouve seul, caché derrière un arbre, de l'autre côté de la rue. Ne sachant plus que faire, je m'accroupis sur le bord du trottoir et, coincé entre deux automobiles, je fixe le duplex en espérant que quelque chose d'extraordinaire se produise… mais rien n'arrive. J'ouvre l'enveloppe que j'avais glissée dans ma poche, en sort une feuille blanche et la déplie. Elle est couverte d'une écriture fine et appliquée. Chacun des mots est colorié différemment. Des mots bleus, rouges, verts, jaunes. L'ensemble ressemble à une mosaïque parsemée de cœurs, ainsi que de gros X symbolisant des bisous. Il n'y a pas de doute, cette simple feuille représente un coffre aux trésors rempli d'amour…

Des papillons dans le ventre, je commence à lire :

Cher Gilles Tibo,

Oui, oui, je m'appelle Noémie et ma grand-maman s'appelle grand-maman Lumbago, comme dans vos romans. Lorsque je lis vos livres, j'ai vraiment l'impression que vous racontez des choses que nous vivons, moi et ma grand-mère. Vous êtes mon auteur préféré ! Je vous ai déjà vu, de loin, au Salon du livre de Montréal. Mais j'étais trop gênée pour vous dire ce que je viens de vous écrire. J'espère que vous ferez encore beaucoup de livres parce que j'aime lire vos histoires…

J'espère que vous me répondrez. C'est mon vœu le plus cher!

Votre admiratrice Noémie
X X X

2

Dans la ruelle

Mes yeux s'emplissent d'eau en relisant la lettre de Noémie. Je ne sais plus que faire. J'ai l'impression de me retrouver dans un film fantastique. Je me répète que tout cela est impossible. Alors, pour me convaincre du contraire, je plie et déplie la lettre écrite de la main même de cette petite fille. Mon cœur bat à tout rompre. Une sueur froide glisse dans mon dos. Si je n'écoutais que mon instinct, je me précipiterais chez la fillette, la prendrais dans mes bras et l'embrasserais sur les joues. Toutefois, en songeant à la surprise de ses parents, et surtout, en imaginant la gêne et l'embarras causés par ma présence, je décide de ne rien brusquer.

Il ne me reste qu'une chose à faire : retourner chez moi et lui répondre par écrit.

Mais, avant cela, je traverse la rue afin de constater, de près, l'incroyable ressemblance de ces lieux avec ceux que j'avais imaginés. J'en ai le vertige...

Je suis tellement bouleversé que je dois parler à quelqu'un. Je prends mon téléphone cellulaire et j'appelle mon vieil ami Roger Paré. Lui, il écrit et il illustre des livres depuis si longtemps qu'il ne se souvient plus de sa première

publication. C'est un homme d'expérience, un conseiller, un mentor. Après trois coups de sonnerie, il répond enfin d'une petite voix endormie. Tout excité, je lui dis :

— Roger, tu sais pas quoi ? Je viens de faire la rencontre de deux de mes personnages... Je veux dire : une petite fille et une grand-mère. Elles s'appellent Noémie et Madame Lumbago... C'est incroyable ! Hein ?

Il me répond :

— Moi, ça m'arrive tous les jours !

— Co... comment ça ?

— Parce que dans mes livres, je dessine presque seulement des animaux. Donc, des chats, des chiens, des oiseaux, des écureuils, j'en rencontre tous les jours…

— Ah ! je… je n'avais jamais pensé à ça !

— Par contre, enchaîne-t-il, je ne rencontre pas souvent de baleines, d'éléphants ou de girafes !

Je rigole. Puis j'ajoute :

— Et tu ne sais pas la meilleure ?

— Non !

— La petite Noémie a parlé d'un secret, un secret qu'elle ne voudrait pas que j'apprenne !

Roger m'écoute en répétant humm... humm... et encore humm... humm... À court de répliques, il me donne rendez-vous, demain, à quinze heures précises, au café Les Deux Marie.

Je lui dis « à demain » et je glisse le téléphone dans la poche de ma chemise...

En observant la façade du duplex dans lequel habitent mes deux visiteuses, une idée germe dans ma tête.

Je fais le tour du pâté de maisons, bifurque dans la ruelle et m'arrête devant une haute clôture. Je risque un œil entre deux planches et je reconnais la cour dans laquelle Noémie joue habituellement. Je vois sa maison de carton aménagée dans la boîte d'un réfrigérateur. Un chaton miaule en se frottant contre la porte du balcon. Au deuxième étage, l'ombre de grand-maman Lumbago circule d'une fenêtre à l'autre. Tout, absolument tout est identique à la description que j'en fais dans mes livres. Mais je n'ai pas le temps de vérifier autre chose. J'entends, au loin, des chuchotements suivis de curieux tintements. Trois ombres menaçantes et difformes apparaissent au tournant de la ruelle.

Je me cache derrière un talus. Les tintements se rapprochent. Sans dire un mot, trois grands ados, presque des hommes, s'avancent, l'un derrière l'autre. Ils passent devant ma cachette sans remarquer ma présence. Courbés sous le poids de leur sac à dos qui leur donne l'apparence de trois bossus, ils continuent leur chemin et s'arrêtent un peu plus loin pour regarder à gauche et à droite. La ruelle semble déserte. Les trois gars, d'un geste synchronisé, déposent leur sac, en sortent des bonbonnes de peinture, les secouent vigoureusement et commencent à dessiner des graffitis sur les murs d'un hangar. De grandes formes coloriées apparaissent sur la tôle grise. Les trois gars travaillent en silence, seuls les *pouche pouche* des jets de peinture et le tintement de la bille à l'intérieur des canettes troublent la quiétude de la nuit.

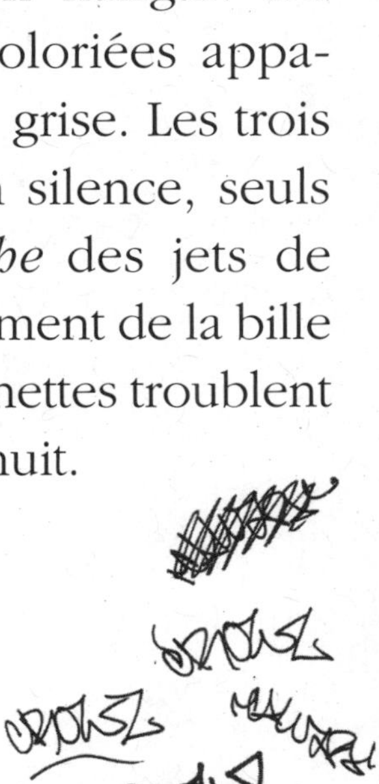

Un chat, ventre à terre, traverse la ruelle. Moi, caché derrière le talus, je commence à ressentir des crampes dans les jambes et des fourmis dans les orteils. Je suis subjugué par la situation incongrue dans laquelle je me trouve. J'ai l'impression de vivre une des scènes de *La Nuit rouge*, le seul et unique roman pour les adolescents que j'ai réussi à écrire, les autres tentatives s'étant toutes retrouvées à la poubelle.

Fasciné, j'épie de loin les trois gars qui dessinent à grands gestes. Les lettres s'imbriquent les unes dans les autres. Les couleurs se caressent, se font l'accolade.

Semblables à des gazelles qui flairent soudainement un prédateur, les trois gars relèvent la tête et tendent l'oreille. En vitesse, ils lancent leur canette de peinture dans leur sac, puis ils se sauvent d'un pas rapide.

Ils n'ont cependant pas le temps de se rendre bien loin. Une voiture de police tourne au coin de la ruelle, toutes lumières éteintes. À l'autre bout, une autre voiture s'immobilise pour en bloquer la sortie. Les trois gars s'arrêtent, lâchent un juron, laissent tomber leur sac, puis détalent dans trois directions différentes. Le premier saute par-dessus une palissade de bois. Le deuxième s'enfuit entre deux pâtés de maisons. Le troisième disparaît, je ne sais où. Moi, toujours caché derrière le talus, je ne sais plus que faire. Une autopatrouille fonce dans la ruelle et freine brusquement. Deux policiers quittent le véhicule, fouillent dans les sacs, les lancent dans le coffre arrière puis s'engouffrent dans l'automobile. Le conducteur porte un émetteur à sa bouche et commence à parler. Je n'entends rien, mais j'imagine qu'il communique avec d'autres policiers.

Une fois la communication terminée, les deux policiers ressortent de l'automobile. Munis de lampes de poche, ils se mettent à lancer des faisceaux lumineux dans les cours arrière. Je suis coincé. J'imagine déjà leur incrédulité lorsque je leur raconterai le pourquoi et le comment de ma présence derrière ce talus.

Le cœur battant, j'épie les policiers qui pénètrent dans les cours. En ressortent. S'approchent. Et soudain, je sursaute. À ma gauche, une petite voix chuchote :

— Psssst… Psssst…

3

Le Petit Maudit

Je me retourne. À une dizaine de mètres de ma cachette, une des planches de la clôture s'ouvre comme une porte. Dans l'entrebâillement apparaît la figure d'un jeune garçon. L'œil coquin, il me fait signe de m'approcher. J'attends quelques secondes, et pendant que les policiers scrutent le dessous d'un balcon, j'en profite pour longer la clôture. Le garçon murmure :

— Vite ! Vite !

En vitesse, je tente de me glisser par l'ouverture. Pour ce faire, je dois me contorsionner, contracter les abdominaux et me vider les poumons. De toute évidence, ce passage a été conçu pour un enfant, pas pour un adulte. Après de nombreux efforts et plusieurs égratignures, je réussis à me faufiler dans l'étroit passage. Aussitôt, le garçon referme la porte et la bloque avec une cheville de bois. Il se retourne en fronçant les sourcils :

— T'es donc bien vieux pour faire des graffitis !

Je n'ai pas le temps de lui expliquer ma présence dans la ruelle. En s'éloignant, le garçon marmonne :

— Ne t'inquiète pas ! Ils ne te trouveront jamais !

Recroquevillé, mon sauveteur file jusqu'au fond de la cour, entrouvre la porte d'un hangar et y pénètre en me faisant signe de le suivre. Un peu surpris par la tournure des événements, j'y entre à mon tour et ferme la porte derrière moi. Noirceur totale. Odeur d'humidité. J'ai soudainement la trouille. Le jeune garçon me dit:

— Ferme les yeux!

— Pourquoi fermer les yeux?

— Pour que tes yeux s'habituent à l'obscurité…

J'obéis. Je ferme les yeux et reste là, debout, tout près du garçon, immobile. Au bout de plusieurs minutes qui me semblent durer des heures, il se dirige vers le fond du hangar. Des objets s'entrechoquent. Quelque chose glisse sur le plancher.

J'ouvre les yeux.

Les pupilles dilatées, je devine différentes formes. Poubelles, vélos, traîneau. Au fond de la pièce, le garçon me fait signe de le suivre. Je me faufile derrière un panneau de contreplaqué. Je marche à tâtons dans un passage humide. Il y règne une odeur âcre. De temps à autre, le passage devient si étroit que je crains d'y rester coincé. Il me faut marcher de côté en longeant un mur de briques qui suinte. Ma propre sueur se colle à ma chemise. J'ai peur, mais je ne peux plus reculer.

Au bout du passage, le garçon s'agenouille, déplace quelques briques et se glisse dans le trou aménagé à la base du mur. Je l'imite à mon tour, mais bon Dieu que cet enfant est mince ! Tant bien que mal, je réussis à me faufiler dans l'ouverture en me disant qu'un bon régime me permettrait de retrouver ma taille de jeune homme.

De l'autre côté du mur, dans la noirceur totale, une forte odeur de carton envahit mes narines. Je tente de me relever. Ma tête heurte une poutre. La voix du garçon murmure :

— Chuttt ! Ils ne sont pas loin.

Je reste accroupi dans le noir. Mon cœur bat à tout rompre. Lentement, j'avance les mains, trouve un coussin et m'appuie le dos contre une structure de bois qui bouge légèrement. Des objets dégringolent. Je tâte à l'aveuglette. Mes doigts touchent des livres. Le garçon murmure encore :

— CHUUUTTTT...

Au loin, une voiture freine. Des pas résonnent dans la nuit.

Halètements. Cris étouffés. Bruits de métal. Cliquetis de menottes qui se referment. Claquements de portières. Une automobile démarre, s'éloigne.

Silence…

Le garçon dit:

— Ils viennent d'en piéger un… Vous étiez combien?

— Je… je n'ai rien à voir avec eux… Ils étaient trois… Je… je les espionnais.

Dans le noir, le garçon avale sa salive:

— Moi aussi, j'espionne les gens…

Silence de la nuit. Fourmis dans les jambes. Envie de me sauver pour reprendre ma vie normale. Je demande:

— Et il faut attendre combien de temps comme ça?

— Je ne sais pas… Souvent, ils font des rondes pendant toute la nuit.

— Et toi, tu restes ici toute la nuit ?

— Oui… j'ai tout ce qu'il faut. Sac de couchage, nourriture, lecture…

J'entends un petit déclic. Le faisceau d'une lampe de poche éclaire le fond de la cachette. Je suis accroupi dans une cabane de carton aménagée sous un balcon, murs tapissés d'images découpées dans des magazines, bibliothèque de planches soutenues par une succession de briques. Surpris, je n'ai comme seule question :

— Et tes parents… ils ne sont pas inquiets ?

— Mes parents ? Ils ne se parlent plus depuis longtemps. Je n'ai qu'à dire à mon père que je crèche chez ma mère, et à ma mère que je vais dormir chez mon père, et le tour est joué…

C'en est trop pour moi. Je demande :

— Je suppose qu'ils te surnomment « le petit maudit ».

Surpris par ma question, il braque sa lumière sur mon visage. Je n'ose pas lui expliquer que j'avais imaginé une situation semblable dans *Le Petit Maudit*. Je lui réponds simplement :

— Je sais tout cela parce que je suis un espion…

— Ah oui ? Et qu'est-ce que tu sais encore ?

— Je sais que ton nouvel ami s'appelle Guillaume. Je sais qu'il t'admire. Je sais aussi que tu détestais les livres avant de le connaître. Et je sais que tu passes de longues heures ici, dans ton refuge, à souligner des paragraphes complets...

— Et je les souligne de quelle couleur?

— Tu les soulignes en rouge!

J'avance la main vers la bibliothèque, m'empare d'un livre au hasard et ouvre une page. Trois lignes sont soulignées au crayon rouge. Clic! Le garçon éteint sa lampe. Troublé, il dit à voix basse:

— Je veux devenir un espion, moi aussi!

Alors, comme il semble être un garçon intelligent et qu'en plus, nous avons du temps à tuer, je lui avoue la vérité, toute la vérité, juste la vérité. Étendu dans le noir sur un amoncellement de carton, je lui raconte, à voix basse, ma passion pour l'écriture et, en lui parlant, je chuchote cette phrase tirée des *Mots du Petit Bonhomme* : *Les mots sont des trésors qu'il faut échanger avec ceux et celles qui nous entourent.*

Dans l'obscurité, le garçon m'interrompt :

— Je ne veux plus devenir un espion... Je veux devenir un écrivain, comme toi !

Après un long bavardage dans la cabane aménagée sous le balcon, je finis par dire :

— Il y a une chose que j'ignore de toi...

— Ah oui ? C'est quoi ?

— Ton nom, j'ignore ton nom!

— Je m'appelle Stéphane. Stef pour les intimes...

Je consulte ma montre, il est deux heures du matin. Dehors, nous n'entendons plus un bruit. En bâillant, je m'étire de tout mon long. Stef murmure:

— Je crois que tu peux y aller. Il n'y a plus de danger.

— Et toi? Qu'est-ce que tu fais?

— Moi? Je passe la nuit dans mon repaire...

Il fouille dans une grosse boîte de métal, allume une petite chandelle protégée par un tube de verre et l'accroche à un fil métallique que je n'avais pas remarqué. Ensuite, il déroule un sac de couchage, mais, comme il fait chaud, il s'étend dessus et place sa tête sur un vieil oreiller:

— Pour sortir, tu dois...

— Oui, je sais…

En regardant Stef étendu sur son lit de fortune, il me vient un réflexe paternel, un geste que j'ai maintes fois répété au chevet de mes enfants. Sans même réfléchir, j'avance la main pour caresser son front. Au contact de ma paume, sa peau tressaille légèrement, puis il émet un petit gémissement et se recroqueville comme un nouveau-né. Je caresse ses cheveux en bataille et, si je m'écoutais vraiment, je lui chanterais une berceuse. Mais ma pudeur m'empêche de chantonner. Je ne fais que fredonner *Isabeau s'y promène*, la bouche fermée, un air que j'ai mille fois chanté pour endormir ma fille et mon garçon. Au fur et à mesure que je caresse ses cheveux, Stef se détend. Lorsque je le sens assoupi, je souffle sur la chandelle et me dirige vers la porte. J'entends sa voix soupirer:

— J'aurais aimé avoir un père comme toi!

Pour qu'il dorme en paix, je lui réponds:

— J'aurais aimé avoir un fils comme toi…

Les larmes aux yeux, en songeant à mon fils Simon, maintenant âgé de trente ans, je pousse sur la porte découpée dans le mur de carton. Dehors, l'air chaud de la nuit se colle à ma peau. Je longe le treillis d'un balcon, rampe sous une haie et me retrouve debout sur le trottoir. Faiblement éclairé par la lueur d'un lampadaire, je me rends compte que mon pantalon est taché de terre et qu'il est déchiré à la hauteur des genoux.

Je me dépoussière un peu et retourne à la maison en épiant les amoureux qui déambulent dans la nuit.

4

Qui se cache derrière la porte ?

De retour chez moi, je me précipite sous la douche froide. Il fait tellement chaud dans l'appartement que je ne me sèche pas. Ma chambre, enclavée au milieu de la maison, ressemble à une fournaise. Je pourrais m'étendre sur le balcon. Mais je sais que les bruits de la ville et la lumière du lampadaire m'empêcheront de dormir. La meilleure solution serait d'emporter mon matelas dans la cuisine où je devine un léger courant d'air… chaud.

Je pense à ma fille, la chanceuse qui fait du camping, au frais, dans les Laurentides. Et en pensant à ma fille, il me vient une idée : sa chambre est la seule pièce dotée d'un ventilateur au plafond. Hé ! Hé ! Je vais chercher mon oreiller, je tire sur la chaînette du ventilateur et je me couche directement sur son lit. Étendu sur le dos, je fixe les pales qui tournent au plafond. Une légère brise me caresse le visage. Heureux, je m'assoupis en pensant à la réponse que j'écrirai, demain, à la petite Noémie : *Chère petite Noémie, c'est avec un grand plaisir que…*

Mais je n'ai pas le temps de penser à la suite de mon texte.

Des bruits suspects proviennent de la garde-robe. La poignée de la porte pivote lentement sur elle-même. J'ai peur. Il me revient en mémoire tous les films d'horreur que j'ai vus à la télévision. J'essaie de ne rien imaginer, mais c'est impossible. L'espace d'un instant, je pense à des monstres diaboliques, des entités maléfiques, des âmes errantes prêtes à me dévorer… Je fixe la poignée qui tourne et soudainement, mon cœur cesse de battre. La porte s'entrouvre légèrement. Derrière, dans l'obscurité, je devine une présence… Je reste là, figé, me demandant qui peut bien se cacher dans la garde-robe de ma fille.

La porte s'ouvre encore un peu. Une figure apparaît dans la pénombre. Mon cœur tressaille de bonheur. Je reconnais la frimousse de mon ami Pikolo, le héros du *Petit Voyage de nuit.*

Il me sourit.

Complètement dépassé par la situation, je reste immobile dans le lit de ma fille. Pikolo s'approche, vêtu de son pyjama rayé. Le plus naturellement du monde, il me sourit et me demande de mes nouvelles. Je réponds, ahuri :

— Heu... oui, ça va bien... heu... et... et toi?

— Moi, ça va très bien, merci !

— Et… que fais-tu ici, Pikolo ?

— Mais vous le savez bien, Monsieur Tibo. Je voyage dans les couloirs secrets qui relient les garde-robes !

Je lui réponds en balbutiant :

— Oui, je… je sais… mais ce… ce sont des histoires, tout ça !

Un immense sourire se dessine sur la figure de Pikolo. Il me prend par la main et m'entraîne vers le

fond de la garde-robe. Le plancher se transforme en gravier, en sable, en béton. Les murs disparaissent. Je marche derrière Pikolo qui semble connaître le chemin à suivre. Nous tournons une fois à gauche, deux fois à droite, puis soudainement, derrière un pan d'obscurité apparaît un minuscule train de bois. Un train de bois exactement comme celui que j'avais dessiné dans *Le Petit Voyage de nuit.* De la fumée phosphorescente s'échappe de la cheminée. Je n'en crois pas mes yeux. Dans le deuxième et dernier wagon, je devine la silhouette de quelqu'un que je connais bien ! Très bien même ! Non ! Ce n'est pas vrai ? C'est incroyable !

Je m'approche pour saluer Sylvain, Sylvain le petit géant ! D'un bond, il quitte son siège, saute dans mes bras et m'embrasse. Smack! Smack! Le cœur au bord des larmes, je le dépose par terre et demande :

— Comme ça… vous… vous connaissez tous les deux?

— Hé oui… Vous le savez bien, moi, je fais de l'insomnie… alors, certaines nuits, je me promène avec Pikolo…

Pikolo saute dans la locomotive de bois, se retourne et nous crie :

— Installez-vous tous les deux à l'arrière! Nous partons en voyage!

— YAHOU ! s'écrie le petit géant.

Je ne sais plus que faire. Je reste là, immobile, les yeux hagards et la bouche grande ouverte. Pikolo me demande :

— Bon, vous venez faire un petit voyage avec nous ou bien vous préférez rester sur le quai ?

Sylvain le petit géant s'assoit dans le premier wagon et moi, incrédule, les genoux repliés à la hauteur du front, je m'assois dans le deuxième et dernier wagon.

La locomotive commence à vibrer. Anxieux, je demande :

— Où allons-nous ?

— Ça, c'est une surprise ! répond Pikolo.

5

Le petit voyage de nuit

TCHOU! TCHOU! La locomotive s'ébranle sur les rails. Nous prenons de la vitesse. Je m'agrippe aux rebords du wagon en espérant que le voyage ne sera pas trop long. Une brise chaude

me caresse le visage. Le convoi traverse des brouillards qui sentent la vanille, la cannelle, le chocolat fondant…

Pendant que Pikolo et Sylvain crient « YAHOU ! » et que le cœur me monte dans la gorge, nous descendons des côtes vertigineuses, puis nous remontons vers la lune. Tout étourdi, je regarde les étoiles se transformer en boîtes-cadeaux dont les papiers d'emballages brillent dans la nuit.

Le train ralentit sa course. Pikolo me fait signe de jeter un œil vers la droite. Derrière de grands pans de brume apparaissent les éléments contenus dans les albums *Autour de la Lune* et *Autour du Soleil*… De l'autre côté du wagon, je devine, dans une demi-obscurité, les décors ayant servi à produire *Rêves d'enfance*.

J'y contemple des fleurs géantes, des oiseaux, des fusées, un chandelier… et aussi mille soleils de bois, de plomb, de verre, de plastique.

Tchouc… tchouc… tchouc… Le train ralentit encore puis s'immobilise. Je me relève, déplie mes genoux douloureux et dit à mes deux compagnons :

— Excusez-moi, mais je dois absolument me dégourdir les jambes.

Je saute sur les rails et je cours un peu. Puis, il me vient une idée de fou. Je quitte le chemin de bois et, avec beaucoup d'émotion, je m'approche de l'endroit où sont entreposés les décors de mes livres. Je marche dans les paysages grandioses de *L'Enfant cow-boy*, paysages créés de toutes pièces par mon ami Tom Kapas. Je m'enfonce dans la forêt de *Zip et Pixolin*, dessinée par Guy England, et j'entrevois, au loin, le bord de mer d'*Émilie pleine de jouets*. Et

là, alors que je m'avance dans ce théâtre d'images, mon sang accélère sa course.

Faiblement éclairée par un croissant de lune, j'aperçois l'illustratrice Marie Lafrance, qui dort, entourée de milliers de jouets de bois. Le grand Stéphane Poulin rêve paisiblement sur un nuage duveteux. Stéphane Jorisch ronfle, couché entre les pages d'un grand album. Jean Bernèche, Marie-Claude Favreau, Bruno St-Aubin, Louise-Andrée Laliberté, Philippe Germain, Luc Melanson, Fanny et Janice Nadeau roupillent à poings fermés sous de grandes pages coloriées.

Je suis tellement ému par leur présence que je m'arrête sur un monticule de crayons pour les regarder dormir. De grands oiseaux, certains translucides, d'autres bariolés de lumières, planent silencieusement au-dessus de ces merveilleux fabricants d'images. À grands coups d'ailes, les oiseaux survolent le dortoir puis s'envolent pour rejoindre le cœur des enfants endormis.

La gorge nouée, tremblottante, je chantonne une petite berceuse à mes amis illustrateurs. Certains se recroquevillent dans leur lit de papier, d'autres se retournent, d'autres encore commencent à ronfler à tue-tête.

À la fin de cette incroyable visite, je reviens sur mes pas en me bourrant les poches de petits souvenirs, puis je saute dans le wagon où, les yeux encore mouillés par l'émotion, je me cale sur mon siège. Pikolo me dévisage, surpris :

— C'est pour quoi faire, les objets dans vos poches?

— Ce sont des cadeaux que j'aimerais donner à quelques-uns de mes amis!

— Tenez-vous bien! lance Pikolo. Nous allons emprunter le chemin des garde-robes!

— Il faut faire vite! Nous devons revenir avant le lever du soleil! Sinon, nous allons nous transformer en betteraves! crie le petit géant.

Le train démarre à toute vapeur. Nous empruntons des carrefours, des ronds-points, puis, soudainement, la locomotive s'arrête. Pikolo me fait signe de me diriger vers la droite. Je saute hors du wagon.

— Vite! il ne reste que cinquante minutes, lance le petit géant.

Je m'avance prudemment dans le noir, me retrouve dans une garde-robe, tourne la poignée de la porte, l'entrouvre et me faufile dans une chambre dont les murs sont recouverts de bibliothèques. Le cœur battant, je m'approche du lit. Quelqu'un y dort en chantonnant l'alphabet : a… b… c… d… e… f… Je m'avance encore pour finalement reconnaître Pierre Filion, celui qui m'a expliqué la lettre, le mot, la phrase musicale, celui qui m'a soutenu lors de mes premiers balbutiements sur les chemins de l'écriture. Ému de le revoir, je glisse sous son oreiller un petit crayon dont la mine change de couleur selon les humeurs du moment.

En catimini, je sors de la chambre de Pierre, referme la porte de sa garde-robe et remonte dans le train.

— Vite! Il reste quarante minutes! crie le petit géant.

Le train s'ébranle de nouveau. Nous traversons des vallons brumeux, puis nous nous arrêtons devant une autre porte. Je l'ouvre et, stupéfait, je me retrouve dans la chambre de Michèle Marineau, la patiente Michèle, ma première correctrice qui, malgré mon esprit brouillon, m'a toujours encouragé à poursuivre ma passion. Pour la remercier de sa générosité, je dépose un joli croissant de lune sur sa table de travail.

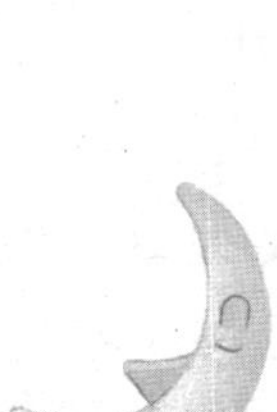

De retour dans le wagon, Sylvain le petit géant hurle en consultant sa montre :

— Vite ! il ne reste que trente minutes !

Après un autre petit voyage en train, je me retrouve dans la garde-robe puis dans la chambre de… oups ! d'un inconnu ! Le monsieur se retourne dans son lit en demandant :

— Que fais-tu là, Pétula ?

Pour ne pas perturber ses rêves, je quitte sa chambre sur la pointe des pieds, traverse sa garde-robe et saute dans le wagon. Sylvain crie :

— Il ne reste que vingt petites minutes !

L'accélérateur au plancher, Pikolo fonce dans le noir, bifurque à gauche, à droite et freine brusquement.

Je me retrouve dans la chambre de Lucie Papineau, mon amie, éditrice chez Dominique et compagnie. Pour la remercier de sa présence, de son amour des livres, de sa passion pour la vie en général et en particulier, je fixe un soleil doré à la tête de son lit.

Par la porte entrouverte de la garde-robe, j'entends le petit géant crier:

— Monsieur Tibo, je vous en prie, dépêchez-vous! Je ne veux pas me transformer en betterave, moi!

En vitesse, je fais une visite éclair à mes bons amis Robert Soulières et sa jolie Colombe.

Couchés sur un sommier de manuscrits, la tête appuyée sur des boulettes de papier, ils dorment enlacés et souriants. Je leur laisse deux petits cœurs lumineux, soudés l'un à l'autre.

— Monsieur Tibo, il ne reste que dix minutes et demie!

En regrettant de ne pouvoir prendre mon temps, je laisse un joli cheval de bois à Annie Langlois, qui dort, la tête appuyée sur son journal secret.

— HUIT MINUTES!

Je laisse une plume magique, une plume qui ne dessine que des sourires, à Anne-Marie Villeneuve chez Québec Amérique.

— SIX MINUTES !

Une montre-bracelet qui ralentit le temps pour Chantal Lalonde chez Scholastic.

— QUATRE MINUTES !

Un livre de poésie pour Mélinda Vorös aux éditions Nord-Sud.

Ensemble, Pikolo et le petit géant s'écrient :

— Monsieur Tibo ! Le soleil va se lever dans deux minutes ! Vite ! Nous ne voulons pas nous transformer en betteraves !

Peiné de ne pouvoir visiter mes amis auteurs, animateurs, distributeurs, imprimeurs, libraires, bibliothécaires, je fais signe à Pikolo que nous pouvons rentrer à la maison. TCHOU ! TCHOU ! TCHOU ! Le train virevolte et sautille en empruntant des raccourcis.

La vitesse est si grande que les boulons explosent sous la pression. Mon wagon vibre et commence à se disloquer… De peine et de misère, je tente de faire tenir les panneaux de bois ensemble. Je reconnais des parfums de vanille, de chocolat et de pain rôti lorsque tout à coup, une épouvantable odeur de mouffette me transperce les narines.

J'essaie de me boucher le nez, mais l'épouvantable odeur m'envahit complètement. Le wagon éclate en morceaux. Les rails et le train se volatilisent. Pikolo et Sylvain disparaissent.

AU SECOURS! Je tombe dans le vide!

6

Ma fille

Le cœur battant, j'atterris tête première dans le lit de ma fille. J'entends :

— Papa ! Que fais-tu dans mon lit ?

Je me retourne, m'agrippe à mon oreiller et me recroqueville le plus loin possible afin de m'éloigner de cette terrible odeur de mouffette. J'entends encore :

— Papa ! Que fais-tu dans ma chambre ?

J'ouvre les yeux. Ma fille Marlène, qui aura vingt et un ans dans quelques semaines, est debout devant moi, accompagnée de trois de ses amies, Amandine, Fanny et Florence. Les mains sur les hanches, elles me toisent toutes les quatre d'un air accusateur.

— Je… heu… comme il faisait trop chaud dans ma chambre, j'ai décidé de coucher sous ton ventilateur !

Je bâille, fixe le cadran lumineux et demande à mon tour :

— Et toi ? Six heures du matin ! En voilà une heure pour revenir de camping ! Et quelle est cette épouvantable odeur de mouffette ?

Ma fille répond :

— Il me semble que c'est clair ! CAMPING !… MOUFFETTE !…

Nous sommes revenues d'urgence! Tu n'as pas lu *Le Camping du petit géant,* toi?

Je lui réponds:

—Heu… oui… oui…

Puis, porté par l'enthousiasme, j'ajoute:

—Hey! Tu ne sais pas ce qui m'est arrivé depuis hier soir!

— Non, quoi?

— J'ai vu une vraie Noémie et une vraie Madame Lumbago. Ensuite, j'ai…

Devant l'air surpris de ses copines, ma fille tourne les talons, quitte sa chambre et se dirige vers la salle de bain:

— Papa! Je crois que tu devrais prendre des vacances!

— Non, mais attends, j'ai…

— Papa, tu travailles trop… Si tu continues comme ça, tu vas devenir complètement fou…

— Attends! Je suis monté dans le train de Pikolo et…

— Ça y est, les filles! Mon père est fou dingue!

Puis elle ajoute, de l'autre côté de la porte:

— J'aurais bien aimé avoir un père normal!

Marlène s'enferme dans la salle de bain pour activer la douche. Moi, abasourdi, je demande:

— Un père normal… C'est quoi un père normal?

Les trois filles me regardent en rougissant. Amandine finit par dire:

— Un père normal, c'est quelqu'un qui fait une vie normale… Un père qui a un travail normal…

— Et avoir un père écrivain, ce n'est pas normal, je suppose?

Les trois amies ne savent plus quoi répondre. Je prends mon oreiller et, en bâillant, je dis:

— Excusez-moi, les filles. Je vais finir la nuit dans la fournaise de ma chambre. Est-ce que c'est «normal», ça?

Je leur dis au revoir et m'éloigne vers la cuisine. J'avale un grand verre de lait froid, puis je vais dans ma chambre. Je me laisse tomber sur mon lit, m'étends sur le dos et ferme les yeux. Dans le noir, j'aperçois au loin *Le Gardien du sommeil.* Avec son fanal, il me dirige vers le chemin des rêves. Je marche quelques secondes sur des passerelles qui traversent la nuit, puis je m'avance sur un fil

de fer suspendu au-dessus du vide. Les bras écartés, je tente de tenir mon équilibre en songeant au *Voyage du funambule*, puis, comme poussé par un souffle chaud venu des profondeurs, je perds l'équilibre et je tombe dans le trou béant du sommeil.

7

La tentative de réponse

Je suis réveillé par les rayons du soleil qui illuminent les murs de ma chambre. Je me tourne, me retourne et essaie de me rendormir. Impossible ! Je pense et repense à la soirée vécue la veille : Noémie, Madame Lumbago, les trois gars de *La Nuit rouge*, le petit maudit, ma rencontre avec Pikolo et le petit géant, le voyage en train, les décors de mes livres, mes amis endormis… Ensuite, ma fille Marlène et ses copines…

Étendu sur le dos, je lis et relis la lettre écrite par la petite Noémie. Puis, je me lève et me rends à la cuisine. Une note a été déposée sur la table :

Cher papa,

Nous sommes reparties à la campagne, mais cette fois, nous allons au chalet de Florence. Là, au moins, il ne faut pas sortir en pleine nuit pour aller à la toilette…

Attention à toi !

Ne travaille pas trop !

Ne te couche pas dans mon lit !

Je t'appelle bientôt !

Marlène

X X X X

Après avoir lu la missive, je me prépare une théière remplie de thé noir puis je m'installe à la table de la cuisine pour répondre à la petite Noémie. Sur un beau papier crème et avec mon plus beau stylo, je commence par écrire *Bonjour Noémie*, puis *Chère Noémie*, puis *Ma très chère Noémie*. Ensuite, pendant plus d'une heure, j'essaie de lui expliquer, le plus simplement du monde, que j'ai été ravi de lire sa lettre. Mais je suis incapable de lui raconter simplement les choses de la vie. Les mots se précipitent dans un fouillis total. Alors, je chiffonne les feuilles et je recommence encore et encore. Je ne réussis à écrire que des banalités.

Je recommence en employant un de mes trucs favoris : écrire en écoutant un disque intitulé

Dark Wood, du violoncelliste David Darling. Cette musique profonde et enveloppante provoque habituellement un état de concentration qui me permet d'écrire en toute quiétude. Mais ce matin, il n'y a rien à faire. Malgré les vibrations suaves du violoncelle, mes idées sursautent comme du maïs soufflé. Mes doigts écrivent n'importe quoi.

J'essaie un autre de mes trucs qui, normalement, fonctionne assez bien. Il arrive que je ne sois pas inspiré pour un sujet particulier, mais que je le sois pour un autre. Je décide donc de reporter à plus tard ma réponse à la petite Noémie et de faire une autre tentative concernant mon roman pour les adolescents. J'allume mon ordinateur, relis rapidement les quelques lignes écrites et tente d'en continuer la suite. Rien à faire. Les personnages me filent entre les doigts. Les mots ne veulent plus s'écrire. Et ceux que je réussis, malgré tout, à aligner me semblent d'une platitude sans nom.

Bon ! Je sais que l'inspiration va et vient selon une logique qui lui est propre. Alors, j'emploie un autre truc. J'enfile ma robe de chambre et je retourne à la table de la cuisine. Écrire en robe de chambre me donne toujours l'illusion de me sentir en vacances, d'écrire en ayant l'esprit joyeux, calme et serein. Mais cette dernière tentative ne donne rien de probant. Les mots que j'écris à la petite Noémie sont insipides, incolores et inodores.

Je change de tactique. Toujours en robe de chambre, je m'agenouille en plein milieu du salon. J'allume une chandelle et je commence à méditer selon la technique zen, en me concentrant sur mon expiration… Au fur et à mesure que les minutes s'égrènent, mon esprit s'apaise, mon cerveau ralentit son activité. Mes neurones se mettent au neutre. Après vingt minutes de méditation, l'esprit calme et serein, je me relève et me réinstalle à la table de la cuisine. Mon stylo reste suspendu au-dessus de la feuille. Je n'écris rien.

J'ai utilisé tous mes trucs sauf le dernier, un truc que certains écrivains emploient. Il consiste à rester immobile devant sa feuille jusqu'à ce que l'inspiration se présente. Cela peut durer dix minutes, une heure ou une journée. C'est une tactique que je n'emploie jamais. Si l'écriture ne veut pas se manifester, c'est parce que j'ai autre chose à faire et cette autre chose, je sais très bien ce que c'est : il est dix heures trente du matin. Je n'ai encore rien mangé. Mon estomac crie famine !

8

L'étonnant déjeuner

En vitesse, je me précipite sous la douche, puis, tout dégoulinant, je me lance vers la cuisine pour me préparer un copieux petit-déjeuner. Oups! Je n'ai plus de pain, je n'ai plus de lait. Il ne reste qu'un œuf, tout seul, sur une tablette du réfrigérateur.

Je m'habille en vitesse et je quitte la maison. Je marche jusqu'à la rue Mont-Royal, m'arrête à la première terrasse ombragée et commande un petit-déjeuner. En attendant mes œufs tournés, j'observe les passants éblouis par la lumière. Mon cœur tressaille dans ma poitrine. De l'autre côté de la rue, j'aperçois un homme, long, maigre, coiffé d'un petit chapeau rond. Il porte une chaise sur son dos et serre un petit ourson de laine dans ses bras. Ça, c'est ahurissant! Cet homme ressemble tellement au personnage dessiné par Luc Melanson

pour l'album *Le Grand Voyage de Monsieur* que j'en reste pantois.

En le regardant déambuler de l'autre côté de la rue, je repense à sa triste histoire, à la mort de son fils et à sa recherche effrénée du bonheur aux quatre coins du monde. J'ai le goût de me lever, de lui crier « MONSIEUR ! MONSIEUR ! ». Mais la serveuse s'approche et dépose mon petit-déjeuner sur la table. Je lui fais signe de se pencher :

— Madame, puis-je vous demander un service ?

— Je… heu… oui, bien sûr, me répond-elle.

En continuant de fixer le monsieur qui s'éloigne, je tends le bras et demande :

— Pourriez-vous me pincer ?

— Vous pincer ?

— Oui, juste pour être certain que je ne rêve pas…

La serveuse jette un œil à gauche puis à droite, avance la main et me pince l'avant-bras en souriant…

En lui souriant à mon tour, je la remercie, puis j'entame mon petit-déjeuner, mais j'ai seulement le temps d'avaler une bouchée. J'entends derrière moi :

— Voyons, Choupette ! Un restaurant, ce n'est pas un terrain de jeux !

Je me retourne pour apercevoir une petite fille recroquevillée sous la table. Une petite fille qui ressemble à celle dessinée par Stéphane Poulin dans la série des *Choupette*.

L'oreille tendue, j'entends le dialogue le plus hallucinant de toute ma vie. Moi-même, bardé

de toute mon imagination, je n'aurais jamais pu inventer des répliques comme celles-là. Le petit papa de la Choupette commence par lui dire cette phrase étonnante :

— Bon, ma Choupette, moi, lorsque j'étais petit, j'habitais dans les jupes de ma mère, mais au restaurant, je savais me tenir.

— Quoi ? Il y avait un restaurant dans les jupes de ta mère ?

— Non, je te l'ai expliqué cent fois. Je dormais, jouais et me promenais en tricycle sous les jupes de ma mère, mais pour aller au restaurant, je devais en sortir!

— Tu en sortais comment? Tes lacets n'étaient pas attachés à ceux de ta mère?

— Elle détachait mes lacets une fois rendue au restaurant!

— Et tu n'avais pas peur de te perdre?

Et bla, bla, bla… et bla, bla, bla… cette discussion sans queue ni tête se poursuit entre cette Choupette et son petit papa. Je n'en reviens pas. La serveuse s'approche et me demande:

— Ça va monsieur?

Je lui réponds, les yeux dans le vague:

— Puis-je vous demander un autre service?

— Je… heu… La même chose que tout à l'heure?

Je lui fais signe que « oui » avec la tête. La serveuse avance la main et OUTCH ! elle me pince le bras avant de repartir.

En écoutant d'une oreille distraite le dialogue entre la Choupette et son petit papa, j'essaie de déguster mon petit-déjeuner, mais j'entends un curieux bruit venir du trottoir. C'est le bruit d'un enfant qui crie « Vroum ! Vroum ! » Et là, je manque de tomber de ma chaise. J'aperçois, sur le trottoir, à trois mètres de moi, un garçon qui fonce sur son vélo. Devant les guidons, un aquarium tout rond est attaché avec de gros élastiques, du ruban gommé et de la ficelle. À chaque soubresaut, un poisson rouge saute hors du bocal, fait une pirouette dans les airs et replonge dans l'eau. Je reconnais le personnage que j'avais imaginé dans *Rouge timide.* Je n'en peux plus ! Je n'en peux plus ! Le garçon passe devant la terrasse et juste au moment où il va disparaître derrière un treillis, je ne peux me retenir. Je crie :

— GILOU ! GILOU !!

Le petit cycliste freine, se retourne en se demandant qui l'appelle. Moi, sidéré, je baisse la tête et je fixe mes œufs qui refroidissent. La serveuse passe près de moi. Je relève le bras.

OUTCH ! Elle me pince et repart, l'air satisfait.

Soudé à ma chaise, j'entends la Choupette et son petit papa s'éloigner de leur table. Je n'ose même pas retranscrire les phrases qu'ils se disent parce qu'elles sont encore plus délirantes que dans mes livres. Je m'empare d'un stylo. Je dégage le napperon. Juste pour conjurer le destin, je fais la liste de quelques-uns de mes personnages et j'essaie de deviner lequel fera son apparition. J'encercle *Alex, le petit joueur de hockey*. Je relève la tête et là, je

manque de tomber sans connaissance. Ce n'est pas Alex que j'aperçois, c'est un jeune aveugle. Il marche, une canne blanche à la main. Un beau petit chien trottine près de lui. Ils sont accompagnés par un adulte. Je ne bouge plus. Je suis ahuri, consterné, sidéré, abasourdi, estomaqué… Peuvent s'y ajouter tous les autres synonymes du dictionnaire…

J'essaie de rester calme. Je me répète qu'il n'y a rien d'extraordinaire à voir un aveugle traverser la rue. Ce n'est qu'un hasard, mais lorsque le chien s'arrête pour renifler une poubelle et que le garçon s'immobilise à son tour, le père dit :

— Vite, Mathieu ! Nous sommes en retard.

C'en est trop. Il s'appelle Mathieu comme le personnage de

mon livre *Les Yeux noirs*. La serveuse s'approche. Je lève le bras. OUTCH! Elle me pince en disant à voix basse:

— Mon Dieu Seigneur, que ça fait du bien!

Je suis... je suis... je suis incapable de décrire l'état dans lequel je me trouve. La seule chose dont je suis certain, et j'en suis bien content, c'est d'avoir mal au bras. Pour le reste, je suis perdu. Complètement perdu. À tel point perdu que, lorsque j'entends «ABRACADABRA! TU DISPARAIS!», j'imagine derrière moi un jeune garçon, probablement accompagné par son père ou sa mère, qui tente de faire disparaître quelque chose... J'entends encore «ABRACADABRA!». Je me retourne et sans même sourciller, je regarde la table voisine.

J'aperçois *Le Petit Magicien*, qui, à l'aide d'une baguette magique rafistolée de sparadraps, de colle et d'élastiques, tente de faire

disparaître le menu. Je n'en reviens pas. La serveuse s'approche. OUTCH ! Elle me pince le bras en ajoutant :

— Mon Dieu Seigneur de mon Dieu Seigneur... que ça fait du bien !

Si ça continue ainsi, j'aurai bientôt le bras couvert d'ecchymoses. Je n'ai plus faim. Je repousse mon assiette, laisse un généreux pourboire à la serveuse puis me rends à la caisse pour payer l'addition. Le caissier relève la tête. Je le connais. Le reconnais. Je n'en crois pas mes yeux!

9

Devant la caisse

Une pile d'additions à la main, le caissier compte et recompte plus rapidement qu'une calculatrice. Je reconnais le héros de *La Vie comptée de Raoul Lecompte*. Là, c'est trop. J'en ai assez. Je demande :

— Raoul Lecompte, que faites-vous ici ?

— Moi, mais je, heu… je compte les additions !

— Et je suppose qu'il y en a quarante-quatre?

— Heu… comment le savez-vous?

Mon sang se met à bouillir dans mes veines. Moi qui suis d'un naturel calme et pondéré, je perds les pédales. À bout de nerfs, je crie:

— Parce que… parce que… c'est moi qui vous ai écrit! Pourquoi est-ce que je vous rencontre ce matin? Et non hier? ou demain?

Le pauvre Monsieur Lecompte sursaute en m'entendant crier. Malaise dans le restaurant, tous les petits-déjeuneurs se tournent vers moi, me fixent.

J'essaie de me calmer, mais j'en suis incapable. Je continue :

— Tout cela est une farce... une farce monumentale ! Depuis hier soir, j'ai rencontré plusieurs de mes personnages ! Ça ne se peut pas ! Allez ! Avouez que c'est un complot !

Mon cœur bat à tout rompre. J'essaie de me ressaisir. J'expire le plus lentement possible. Monsieur Lecompte répond :

— Non, ce n'est pas un complot. Je compte les additions tous les matins, ici, depuis six mois.

J'en ai assez :

— Prouvez-moi, hors de tout doute raisonnable, que vous vous appelez Raoul Lecompte. Avez-vous vos papiers?

— Monsieur... je n'ai pas à vous prouver quoi que ce soit! Je fais mon travail, c'est tout...

J'éclate de rire :

— Ah? Vous ne pouvez pas le prouver! Ah? Tout cela est donc un coup monté! Ah! vous avez l'air ridicule, hein?

Le caissier dépose furieusement sa pile d'additions sur le comptoir. Il fouille dans la poche arrière de son pantalon, en sort un portefeuille, l'ouvre et, en serrant les dents, me montre son permis de conduire. Près de sa photographie, je vois écrit en toutes lettres : *Raoul Lecompte.*

En lisant son nom, mes idées s'embrouillent. Je deviens angoissé, tout en sueur... OUTCH! Je ressens une vive douleur au bras. La serveuse s'éloigne en souriant.

Je reste planté devant le comptoir et je ne bouge plus.

Tout le monde retourne à son petit-déjeuner, à son café, à son journal. Tout le monde, sauf une très jolie dame accompagnée par deux enfants, un garçon et une fillette. Cette dernière donne des coups de coude à son frère. Je les dévisage en me demandant : « Bon, de quel livre sortent-ils, ces trois-là ? »

Fébriles, ils chuchotent. Soudain, la jolie dame se lève, s'approche et, d'un air intimidé, me demande :

— Excusez-moi de vous importuner… Vous êtes bien Monsieur Tibo… Gilles Tibo, l'auteur des *Noémie* ?

Je ne m'attendais vraiment pas à ce genre de situation! Je chancelle et dois m'appuyer contre le comptoir. De temps à autre, lorsqu'on me pose cette question, je réponds, en riant, que je suis le frère de Gilles Tibo, ou son sosie, ou son clone. Mais ce matin, j'abdique. Je balbutie:

— Je... heu... oui... madame. C'est bien moi!

La dame me considère avec bienveillance, sourire aux lèvres. Elle dégage un parfum de café agrémenté d'effluves de rôties sur lesquelles on aurait étendu de la confiture aux fraises.

Silence. Malaise.

La jolie dame, qui semble deviner ma gêne, continue en inclinant la tête sur le côté:

— Au dernier Salon du livre, nous avons acheté toute la collection des *Noémie* et vous l'avez très gentiment autographiée à ma fille Geneviève.

Du coin de l'œil, je souris à la petite Geneviève qui me salue de la main.

L'état de surprise passé, je suis si heureux que ces gens ne sortent pas d'un livre que je leur souris à mon tour. Je m'approche de la table:

— Bonjour Geneviève. Oui, oui, je me souviens de toi. As-tu lu tes *Noémie*?

La petite fille, intimidée, répond en balbutiant un seul et unique mot à ma première question, deux mots à ma deuxième interrogation, puis elle finit par articuler des phrases complètes.

La mère, les yeux pleins d'amour et de tendresse, se rassoit en face de ses enfants adorés.

D'un geste spontané, elle recule la seule chaise disponible pour m'inviter à prendre place. L'espace d'un instant, j'ai l'impression de faire partie de cette famille. C'est un sentiment que je ressens quelquefois. Il arrive, de temps à autre, dans les salons du livre ou les bibliothèques, que je rencontre des familles, comme celle-ci, qui respirent le bonheur. Ces gens dégagent une odeur de lait chaud, de lasagne, de gâteau à la vanille. Et je l'avoue, chaque fois qu'un tel phénomène se produit, j'ai le goût de me fondre dans ce clan, de partager leurs moments de quiétude et de paix. Je nous imagine autour d'une table, mangeant, parlant, riant, heureux de vivre ensemble cette complicité de la vie quotidienne…

OUTCH! La serveuse, en me pinçant le bras, me ramène à la réalité. Je regarde la jolie maman et refuse poliment son invitation à m'asseoir, en prétextant un rendez-vous urgent. Je sors le stylo de ma poche et me penche pour dessiner un gros lapin sur le napperon de Geneviève. Je signe mon nom sous le lapin et je dis au revoir à cette petite famille, qui me rappelle bien des souvenirs. L'espace d'un instant, je me revois tout petit, à Longueuil, entouré de mes parents et de mes trois sœurs.

Je me revois aussi en compagnie de mes deux enfants, de leurs mères respectives, en pique-nique sous un arbre, près d'un lac…

Perdu dans mes souvenirs, je me dirige vers la sortie lorsque j'entends crier :

— MONSIEUR ! MONSIEUR !!

10

La petite fille qui…

Je me retourne. Raoul Lecompte, derrière son comptoir, me fait signe de m'approcher. Bon! quelle sera la surprise, cette fois-ci?

Le caissier, en fronçant les sourcils, agite mon addition, que… que j'avais oublié de payer. Confus, je marmonne:

— Excusez-moi… Excusez-moi…

Sans dire un mot, je règle l'addition devant les yeux culpabilisants de Monsieur Lecompte.

Puis je m'éloigne vers la sortie et me tasse sur le côté pour laisser passer une ribambelle d'enfants

accompagnés par un grand gaillard. En me voyant, une des petites filles du groupe s'exclame :

— C'est Gilles Tibo ! Ah ! Je n'en reviens pas ! C'est Gilles Tibo ! Je n'en crois pas mes yeux ! Vous êtes venu dans ma classe, le mois dernier !

Tout le groupe s'arrête, bloque l'entrée du restaurant. En vitesse, la petite fille se défait de son sac à dos. Elle en sort deux exemplaires de *Noémie* et me demande de les autographier.

Monsieur Lecompte s'approche en maugréant :

— Bon ! Qu'est-ce qui se passe encore ?

— Rien, rien ! Je signe mon nom dans ces livres ! Ensuite, je m'en vais.

Je m'accroupis pour signer mon nom dans chacun des exemplaires. J'ai à peine terminé que dix petites mains me présentent des rognures de papier. Heureusement que mon nom est tout petit. En vitesse, je signe *TIBO* sur les bouts de papier. Une fillette me fixe avec de grands yeux dans lesquels on pourrait se noyer. La figure impassible, les lèvres sans expression, elle me tend timidement son bout de papier. Mon cœur cesse de battre. Pendant que les autres enfants se chamaillent et gigotent, pendant que le grand gaillard essaie de contenir sa troupe, je me penche vers la petite fille qui ne sourit pas et je lui demande :

— Ça va ?

Comme seule réponse, elle hausse les épaules en baissant la tête. Elle se cache derrière son silence… Je ressens la profondeur de sa peine, de sa peur, de son angoisse. Je devine ses secrets les plus terribles. L'espace d'une seconde, je voudrais qu'elle crie, qu'elle hurle son chagrin… Et puis, mon Dieu Seigneur, comme dirait Madame Lumbago, j'aurais souhaité la rencontrer ailleurs, en d'autres circonstances. Je voudrais discuter avec elle, mais ici, dans le brouhaha du restaurant, tout ce que je peux faire, c'est écrire mon nom sur le bout de papier qu'elle me tend. Sans même lui demander son prénom, j'écris: *À Nathalie! Bonjour! J'espère de tout mon cœur que tu liras* La Petite Fille qui ne souriait plus. *Amitiés! Gros bisous! Gilles Tibo...*

Je lui remets le bout de papier, qu'elle lit d'un coup d'œil puis qu'elle enfouit dans le fond de sa poche. Pendant que toute la bande se dirige vers le fond du restaurant, elle me chuchote un petit «merci» du bout des lèvres.

L'espace d'une seconde, nous nous regardons en silence. Un silence qui vient du fond des yeux, du fond de l'âme. Le temps s'arrête. Image fixe. Je pense aux enfants victimes d'abus de toutes sortes. Je me dis que l'enfance est une période bien fragile de la vie... Il me revient, en mémoire, quelques bribes de ma propre jeunesse et, soudain, OUTCH! un épouvantable pincement me ramène au moment présent. La serveuse s'éloigne.

La petite fille baisse les yeux. Du revers de la main, je lui caresse les cheveux en lui disant:

— Bye, ma belle!

Elle fait un signe de la tête, puis elle court rejoindre son groupe d'amis. Elle cherche une place parmi les autres enfants qui gesticulent en parlant, riant, criant.

J'admire le gaillard qui s'occupe d'eux, avec calme, probablement un surveillant, ou un gardien d'enfants, et je me dis que ces gens-là ont bien du mérite…

OUTCH! Un autre pincement au bras. La serveuse me demande:

— Ça va, monsieur?

— Je… heu… Oui, oui.

— Je suis serveuse depuis vingt ans et c'est la première fois que je pince un client!

— Je… heu… Moi, je suis un client depuis plus de cinquante ans et c'est la première fois que je me fais pincer par une serveuse…

Elle me répond en clignant de l'œil:

— Tout le plaisir a été pour moi! Revenez quand vous voulez!

11

Dans le ventre du métro

À ma sortie du restaurant, je reçois la lumière du jour en plein visage. Des cigales chantent, cachées dans le feuillage des arbres. Des piétons marchent à l'ombre. Il est maintenant midi. Je suis complètement déboussolé. J'ai rendez-vous avec mon ami Roger à quinze heures. Que faire? Retourner chez moi pour écrire? Me promener au parc? Faire mes emplettes? Rien ne m'inspire vraiment. Et, lorsque rien ne me tente, mon penchant naturel me fait dériver soit vers la bibliothèque du Plateau Mont-Royal, soit vers les librairies de la rue Saint-Denis.

Je décide de me rendre à l'endroit le plus proche : la bibliothèque. Mais je n'ai même pas le temps d'y entrer. Les deux portes vitrées s'ouvrent, poussées par des enfants qui rient aux éclats. Je dois m'appuyer contre la clôture de fer forgé pour ne pas perdre connaissance en apercevant le petit Nicolas, les bras chargés de livres. Il est suivi par Stef,

le petit maudit et son ami Guillaume, eux aussi les bras chargés de bouquins. Derrière eux, je reconnais la Choupette et sa maman Lili, celle qui lit toujours et, pour terminer, voilà le Pou et le Guerrier, qui se livrent tous les deux à une *Bataille des mots.*

Les enfants me frôlent, en riant et en gesticulant. Tout à coup, Stef, que j'ai rencontré hier soir, m'aperçoit, écarquille les yeux et s'écrie :

— Bonjour Monsieur Tibo ! Comment allez-vous, aujourd'hui?

— Je… heu… je vais bien… Et toi?

Comme seule réponse, il me sourit en me montrant la pile de livres qu'il vient d'emprunter. Je n'ai pas le temps d'en lire les titres. Il me vient alors une grave question existentielle: que lisent mes personnages… lorsqu'ils ne sont pas occupés à vivre des aventures dans mes livres?

Avant que Stef ne s'éloigne, je lui demande le titre des bouquins qu'il emporte avec lui. Il me répond fièrement:

— *Cinq semaines en ballon*, de Monsieur Jules Verne, et *Les Trois Mousquetaires* de Monsieur Alexandre Dumas…

— C'est bien, Stef, et tu pourrais lire aussi les aventures d'Arsène Lupin!

— C'est qui ça?

— C'est un gentleman cambrioleur !

— Oh, bonne idée, me répond-il en revenant sur ses pas et en s'engouffrant dans la bibliothèque.

Puis, je demande à Guillaume, son fidèle compagnon, quels sont les titres qu'il vient d'emprunter.

— J'en ai sorti quatre, me répond-il de sa petite voix flûtée. *Le Ciel tombe à côté* de Marie-Francine Hébert, *La Bergère de chevaux* de Christiane Duchesne, *Un Cadavre de classe* de Robert Soulières et *Le Dernier des raisins* de Raymond Plante.

En lui passant affectueusement la main dans les cheveux, je le félicite pour ses choix, et je m'éloigne rapidement pour tenter de rejoindre la Choupette et sa maman Lili. Je marche derrière elles en essayant de lire les titres de leurs livres. Dans les mains de la Choupette, je reconnais la page couverture de *La Boîte à bonheur* de Charlotte Gingras, ainsi qu'un livre de farces et attrapes. Hé bien! Je m'approche de maman Lili, qui emporte avec elle *L'Art du bonheur, Le Bonheur à portée de la main, Le Bonheur pour les nuls*... Cela me rappelle une phrase célèbre de ma fille, qui m'avait dit un jour:

— Papa, à force de lire des livres sur le bonheur, tu vas finir par passer à côté!

Je quitte la Choupette et sa maman Lili. Au pas de course, j'essaie de rejoindre le petit Nicolas qui s'apprête à repartir en vélo. Mais j'arrive trop tard. Il a déjà placé ses livres dans son sac à dos et il donne les premiers coups de pédales pour s'éloigner. Le cœur battant, je vois le Guerrier et le Pou, mes deux héros de *La Bataille des mots*, qui se dirigent tout droit vers l'entrée du métro Mont-Royal. Je consulte ma montre. Il est quatorze heures. Il me reste encore une heure de libre avant de rencontrer mon ami Roger. Je décide donc de suivre, en catimini, mon grand Guerrier et mon petit Pou.

Je descends l'escalier roulant. Je me retrouve assis dans la station de métro, tout près de mes deux personnages, qui discutent… de… console Nintendo ! Je ne saisis absolument rien à leur charabia, parce que je ne comprends rien aux ordinateurs ni aux jeux vidéo. Sur les genoux du Guerrier, je vois la couverture de *L'Oiseau des sables* de Dominique Demers et

Stéphane Poulin, ainsi que *La Route de Chlifa* de Michèle Marineau. Mais je ne peux lire les autres titres... De son côté, le Pou a emprunté *Granulite* de François Gravel.

Un souffle chaud venu des profondeurs du tunnel annonce que la rame de métro s'approche. Mes deux personnages se lèvent, s'engouffrent dans le wagon puis s'installent l'un près de l'autre. Je m'assois derrière eux. En les écoutant parler de jeux vidéo, de consoles et de bien d'autres choses qui ne m'intéressent pas du tout, je ferme les paupières, histoire de me reposer un peu.

Le Pou et le Guerrier discutent, bla, bla, bla, et bla, bla, bla... Puis, leurs voix s'éloignent. Je somnole quelques minutes... Emporté par le métro qui fonce sous la terre à une vitesse folle, je repense au train de Pikolo, au petit géant… Je pense à ma vie d'auteur… et à tous les événements que j'ai vécus depuis hier soir…

Lorsque j'ouvre les yeux, le Guerrier et le Pou ont disparu. Je me retrouve seul sur mon banc, accompagné par une foule d'inconnus. Devant moi, un papa tient la main de son garçon qui, lui-même, s'agrippe à un petit singe en peluche, exactement comme dans *Guillaume et la Nuit*. Je n'en reviens pas. Je me frotte les yeux, je me pince le bras pour être bien certain de ne pas rêver. AOUTCH ! Après avoir ressenti

une vraie douleur, je me penche vers le petit garçon pour lui demander :

— Est-ce que ton toutou s'appelle Gripette ?

Surpris par ma question, il me répond « oui ». Je suis sidéré. Un peu plus loin, je remarque un garçon, costaud. Je me lève, m'approche et lui dis :

— Toi, tu es le méchant Pélo dans *Alex et le match du siècle*.

Il me répond :

— Heu... Comment savez-vous ça ?

J'aimerais bien lui répondre que je suis l'auteur de ce livre, mais je ne peux lui dire un mot. Moi qui ne suis aucunement paranoïaque, j'ai encore une fois l'impression d'être victime d'un complot... Ce n'est pas possible de rencontrer autant de personnages en si peu de temps! Je ne veux pas le croire! Je ne peux pas le croire! Moi qui n'ai jamais mal à la tête, me voilà victime d'une terrible migraine. Mon sang ne fait qu'un tour dans mes veines. Je dévisage un homme, debout devant moi, et lui dis:

— Vous, cher monsieur, je vous reconnais. Vous vous appelez Robert, l'oncle de *La Choupette*, et vous prenez le métro parce que vous avez perdu les clés de votre automobile!

— Heu, oui... exactement...

Je m'approche d'un couple :

— Vous êtes Camil et Louise, l'oncle et la tante de Sylvain dans *La Nuit blanche du petit géant.*

— Heu… c'est bien ça… oui…

Je me dirige vers le milieu de la cabine, aborde un groupe de passagers et leur lance en rafale :

— Vous, monsieur, vous êtes le chauffeur' de l'ambulance dans *Noémie 1 - Le Secret de Madame Lumbago*… Madame, vous êtes la vétérinaire dans *Alex et son chien Touli*... Monsieur, vous êtes le père de Jérôme Tremblay-Laurier, que l'on surnomme *Le Petit Musicien*... Vous madame, vous êtes la voisine du petit géant! Jeune homme, vous êtes l'infirmier qui a transporté Monsieur Lumbago sur sa civière! Monsieur, vous êtes un des policiers qui intervient dans *La Nuit rouge*! Toi, tu es l'amie de Nicolas! Toi, tu es le voisin du Petit Magicien! Et vous mademoiselle, vous êtes... vous êtes...

Je suis trop énervé pour reconnaître cette dame. Elle ouvre la bouche pour bégayer:

—Je... je m'ap... appelle Élisabeth.

—Élisabeth qui?

—Élisabeth Chamberland!

— C'est curieux, ce nom ne me dit absolument rien.

— Je suis la femme de l'inspecteur qui enquête au sujet d'un cadavre de classe…

— Quoi? Un cadavre de classe? Mais vous êtes un personnage de Robert Soulières! Que faites-vous ici?

La dame devient rouge comme une tomate:

— Mais… je… je vais rejoindre mon mari!

Je n'en peux plus. Non seulement je suis assailli depuis hier soir par mes propres personnages, mais me voilà harcelé par des héroïnes appartenant à d'autres auteurs. C'est le comble! J'essaie en vain de prendre de profondes respirations pour me calmer. Je perds le contrôle de mes nerfs. Je crie:

— Est-ce qu'il y a, ici, d'autres personnages qui appartiennent à d'autres auteurs?

Personne ne répond. Plusieurs passagers m'observent, l'air ahuri. Certains me tournent le dos. D'autres fixent le plancher…

Dépassé par la situation, je me laisse tomber sur un banc. Je ferme les yeux… des larmes coulent sur mes joues. Je ne comprends plus rien… Derrière moi, un enfant troublé demande:

— Qu'est-ce qu'il a, le monsieur?

— Je ne sais pas, répond une voix féminine, mais ce monsieur, il aurait besoin d'un docteur!

12

Rencontre avec le futur

Complètement déboussolé par cette suite de rencontres inattendues, j'ouvre les yeux, mais je n'ose regarder personne. Je fixe le plancher de la cabine en songeant aux quatre-vingts albums que j'ai illustrés, aux cent cinquante livres que j'ai écrits. Puis, juste pour passer le temps et me changer les idées, j'essaie de faire du calcul mental... Si la tendance se maintient, si je continue à écrire une douzaine de titres par année, j'aurai publié cinq cents livres lorsque j'atteindrai l'âge respectable de soixante-quinze ans !

Pendant que je songe à mes impossibles cinq cents titres, le train file et s'arrête plusieurs fois. Les portes du wagon s'ouvrent et se referment. Sans relever la tête, j'attends que l'on s'arrête à la dernière station. Tout le monde descend, sauf moi. La rame de métro s'enfonce au bout du tunnel, change de voie et revient dans la station. D'autres passagers prennent place. Je ne reconnais personne.

Fiou ! Personne !

Vraiment personne ! Je suis soulagé.

Un petit garçon, portant une casquette de base-ball aux mille couleurs, s'assoit devant moi. Je ne le connais pas, ne l'ai jamais vu, ni en rêve ni dans la réalité. Je me dis : « Tiens, je n'ai jamais rien écrit sur le base-ball. Ce serait un bon sujet de livre. »

Plus loin, un jeune homme s'approche en se dandinant sur des béquilles métalliques. Je pense : « Tiens, un handicapé physique, c'est un sujet que je n'ai jamais abordé. »

Une vieille dame, itinérante, transporte un sac de guenilles. Je me dis : « Tiens, voilà un beau sujet ! » Et là, mon cœur se met à galoper dans ma poitrine. Je me rends compte, soudainement, que je me retrouve devant mes futurs personnages. Je n'en reviens pas ! C'est de la folie ! De la folie totale ! Je suis abasourdi, au point d'oublier de sortir mon calepin pour prendre des notes. Je reste là, affolé, à regarder les portes s'ouvrir et se refermer, à contempler mes personnages qui montent et descendent de la cabine. Cette foule me donne le vertige!

Pour me changer les idées, et pour ne pas devenir fou, je ferme les yeux et j'imagine que je marche, pieds nus, dans une grande plaine vallonnée. Des oiseaux piaillent dans le ciel coloré. Une petite voix me demande:

— Monsieur, auriez-vous trouvé une plume rouge?

Je me retourne pour apercevoir Simon… Le petit bonhomme de la série des *Simon*, le personnage que j'ai adoré dessiner et dont j'ai réalisé onze titres. Il s'approche en bondissant sur l'herbe bleutée:

— Quand allez-vous publier le douzième titre de ma série?

— Je… heu… C'est parce que je ne dessine plus.

— Pourquoi vous ne dessinez plus?

— Parce que… parce que maintenant, je préfère écrire.

— Pourquoi?

— J'ai dessiné pendant plus de trente ans et, un jour, j'ai ressenti le besoin de m'exprimer avec des mots.

— Pourquoi?

— Parce que les mots… parce que les mots sont formidables!

— Pourquoi?

— Heu, les mots sont formidables parce que... parce qu'ils me permettent d'exprimer une foule de sentiments comme la joie, la peine, la colère, la frustration... Ils me permettent de parler de la vie, de la mort... Ils me permettent de pénétrer dans le cœur des gens... tu comprends?

— Pas vraiment!

— Avec les illustrations, je peux montrer le décor, l'expression extérieure des personnages. Avec les mots, je peux expliquer ce qui se passe à l'intérieur des gens, ce qu'ils ressentent, ce qui les relie, ce qui les motive, d'où ils viennent et où ils vont... Je peux exprimer leurs rêves, leurs désirs, leur vie secrète... Tu comprends?

— Heu... oui! Dessiner c'est comme écrire l'extérieur des

choses et écrire c'est comme dessiner l'intérieur des gens…

— Je… heu… C'est exactement ça… mais le contraire…

En silence, Simon et moi, nous montons et descendons au creux des vallons fleuris. Les silhouettes de plusieurs enfants se dessinent au loin. Leurs voix s'approchent en piaillant. Ils nous encerclent. Ils nous bousculent. Ils parlent en anglais, en italien, en suédois, en japonais.

Je reçois soudainement un coup de coude, un coup de genou. Simon lâche ma main. J'ouvre les yeux. D'un seul coup, je me retrouve dans la cabine du métro, entouré d'une multitude de vacanciers, armés d'appareils photo et de caméras. Des enfants, debout ou agenouillés sur les bancs, regardent par les fenêtres. Je me rends compte que nous venons de nous arrêter à la station Berri-UQAM. Je suis passé tout droit à la station Mont-Royal. Juste avant que les portes se referment, je me précipite hors de la cabine et je reste hagard sur le quai. L'horloge suspendue au plafond indique quinze heures, heure à laquelle j'ai rendez-vous avec mon ami Roger.

Je grimpe les escaliers mécaniques, quitte la station et hèle un taxi. Une voiture s'arrête. J'ouvre la portière et aperçois le conducteur, celui qui a reconduit Noémie et sa grand-mère de l'école à la maison dans *Noémie 15 - Le Grand Amour*. Je ne suis même pas surpris de l'entendre chantonner: «Paris, c'est fini... et dire que c'était la ville de mon premier amour.»

13

Aux Deux Marie

Roger, déjà installé à la terrasse du café Les Deux Marie devant un grand verre de thé glacé, me regarde descendre du taxi. Il se lève, me serre la main :

— Gilles, tu es tout pâle. Comment ça va ?

— Ça… ça ne va plus du tout. J'ai mal dormi. Je n'ai presque rien mangé. Je suis fatigué. J'ai soif. J'ai faim !

À grands gestes, je raconte tout ce que j'ai vécu depuis hier soir… mes personnages rencontrés… mes surprises… mes émotions… Roger, qui est un homme d'expérience, m'écoute en silence puis me dit en souriant :

— Le problème est simple, tu écris trop pour ta petite tête ! Tu dois prendre des vacances !

— Ma fille m'a suggéré la même chose.

— Alors, tu sais ce qu'il te reste à faire.

— Oui mais… pendant mes vacances, je voulais écrire mon roman pour les adolescents.

— Il attendra, ton roman !

Je me cale sur ma chaise. La serveuse, la très souriante Francine, s'approche pour me demander :

— Ça va ?

— Je… non, ça ne va pas… Heu, oui, oui, ça va…

— Ça va ou ça va pas? demande-t-elle, l'air confondu.

— Ça ira mieux lorsque j'aurai bu un grand verre de jus d'orange et mangé un muffin au chocolat.

Roger enchaîne:

— Si tu te retrouves en panne sèche, ça ne t'avancera pas beaucoup…

— Je suis déjà en panne sèche!

— Alors, profites-en pour te reposer!

— Bon. OK! Tu as raison! Je vais prendre quelques jours de vacances… Mais, avant, je dois répondre à la petite Noémie.

— Qu'est-ce que tu attends?

— Je ne sais pas comment lui répondre.

— Toi qui peux écrire sur n'importe quel sujet, tu ne sais pas quoi lui écrire? me demande Roger, incrédule.

— Je… je suis trop surpris, trop bouleversé, trop…

Roger se lève :

— Attends-moi ici une minute.

Alors que je crois qu'il va se diriger vers les toilettes, mon ami quitte la terrasse et s'éclipse sur le trottoir, derrière d'autres piétons. Pendant de longues minutes, en buvant mon jus d'orange et en dégustant le muffin au chocolat, je baisse les yeux pour ne pas voir les quidams déambuler à la queue leu leu… J'ai trop peur de reconnaître un de mes personnages, ou le frère d'un personnage, ou son oncle, ou son voisin, ou…

Roger revient, un sac à la main. Il se rassoit, ouvre le sac et déballe une enveloppe qui contient du très beau papier à correspondance. Il me tend son stylo et, en me regardant dans les yeux, me suggère de commencer ainsi :

— Chère petite Noémie, j'ai été agréablement surpris de recevoir ta belle lettre…

Encouragé par les bons mots de Roger, je rédige, tant bien que mal, ma réponse à la petite Noémie. J'ai l'impression de me retrouver tout petit, lorsque mon père m'aidait à faire mes devoirs. L'espace d'un instant, je me vois, assis à la table de la cuisine dans la maison de mon enfance. Mes trois sœurs, absorbées par leurs livres, ne disent pas un mot. Mon père, penché au-dessus de moi, m'explique les rudiments de la lecture pendant que ma mère épelle les mots.

Lorsque j'ai terminé ma réponse à la petite Noémie, Roger se cale sur sa chaise, relève ses lunettes, ferme les yeux et me demande de la relire à haute voix. Un peu intimidé, je récite :

— Ma chère petite Noémie, j'ai été agréablement surpris de recevoir ta belle lettre… C'est pour moi une des plus belles surprises que la vie m'ait apportées. J'en suis très ému… La prochaine fois que tu me verras dans un salon du livre, n'hésite pas à venir me voir. Nous ferons plus ample connaissance. Dis bonjour à ta grand-maman ! Au revoir ! Moi, je t'embrasse de tout mon cœur…

Roger replace ses lunettes sur son nez en disant :

— Voilà qui est fait !

Je demande à mon vieil ami de faire une illustration en dessous de tous les X que j'ai griffonnés pour Noémie. En souriant, il dessine un chat, puis un phylactère dans lequel il ajoute : *Bonjour petite Noémie !*

Sourire aux lèvres, je plie la lettre en trois parties égales, je la glisse dans une enveloppe, j'écris *À Noémie* sur le rabat, je glisse la lettre dans la poche de ma chemise. Je remercie Roger. Nous trinquons puis, fidèles à nos vieilles habitudes, nous ne disons presque plus rien. Nous nous contentons seulement d'être heureux… heureux et complices d'un petit moment de bonheur qui ne se raconte pas. Je suis si soulagé que je ne réagis même pas lorsque j'aperçois sur le trottoir, encadré par ses deux parents, le petit bonhomme tout frêle et tout fragile qui fut le héros de *Ma meilleure amie*.

14

Madame...

Il est maintenant dix-sept heures. Roger et moi bavardons un peu. Je lui promets d'apporter immédiatement la lettre à la petite Noémie, puis de me coucher tôt afin de quitter Montréal, demain, à la première heure.

Nous nous serrons la pince. Roger se mêle aux autres piétons et disparaît, au loin, dans la foule des anonymes. Je profite du moment d'accalmie pour songer à l'endroit où je pourrais passer quelques jours de vacances, puis je paie l'addition et reviens sur mes pas. Je me rends jusqu'à la maison, mais ne m'y arrête pas. En me remémorant la promesse faite à Roger, je continue mon chemin dans la ruelle que la petite Noémie et sa grand-mère ont empruntée hier soir. Après la quatrième rue, je tourne à gauche et m'arrête face au duplex de mes deux héroïnes. Sous la lumière du soleil, il me semble que les lieux ressemblent encore plus à ceux décrits dans mes romans. C'est stupéfiant ! Je m'approche de la boîte aux lettres du rez-de-chaussée, ouvre le couvercle et y dépose ma lettre. En me retournant pour rebrousser chemin, je me fige sur place. Mon cœur bondit dans ma poitrine. Madame

Lumbago, debout sur le trottoir, les deux bras chargés de sacs d'épicerie, me demande:

— Monsieur... Vous désirez?

J'avale ma salive... Avec un trémolo dans la voix, je réponds:

— Bonjour... je suis... je suis Gilles Tibo, et...

En me reconnaissant, la vieille dame se penche, dépose ses sacs sur le trottoir et pose les deux mains sur ses joues:

— Mon Dieu Seigneur de mon Dieu Seigneur!

— Hé oui, c'est moi! J'ai lu la belle lettre de Noémie... et... je viens lui livrer ma réponse...

— Hi! Hi! Hi! répond la vieille dame. Elle sera contente, j'en suis sûre.

Après quelques secondes de malaise, j'ajoute:

— Vous savez, je n'en reviens pas encore qu'il existe une Noémie et une grand-maman Lumbago à quatre rues de chez moi! C'est vraiment incroyable!

— Vraiment incroyable, ajoute-t-elle en écho.

Puis sur le ton de la confidence, elle dit, à voix basse:

— Présentement, Noémie joue au parc avec ses amies... Serait-il possible de vous parler, quelques minutes?

— Ah oui? Me parler? À moi? Je...

— Oui, j'aimerais vous expliquer certaines petites choses, me dit-elle en relevant le couvercle de la boîte aux lettres et en s'emparant de mon enveloppe.

Devant mon air surpris, elle ajoute:

— Je lui remettrai votre lettre. Ce que j'ai à vous dire ne se raconte pas sur le trottoir… Puis-je vous inviter à prendre une tasse de thé à la maison?

J'hésite un peu, mais en me rappelant que la petite Noémie avait parlé d'un secret sous mon balcon, je dis:

— D'accord, allons-y!

Madame Lumbago me sourit et se penche pour ramasser ses sacs. En disant «Laissez-moi vous aider», je me penche à mon tour. TOC! Nos deux têtes se cognent l'une contre l'autre. Nous rions et répétons en même temps «excusez-moi, excusez-moi».

Précédé par la vieille dame, je monte le grand escalier qui mène au balcon. À chacune des marches, j'ai la curieuse impression de vivre cet événement pour la première fois de ma vie et, en même temps, de faire et refaire des gestes mille fois répétés. Madame Lumbago, essoufflée, déverrouille la porte. Nous entrons dans l'appartement et nous nous rendons jusqu'à la cuisine, que je reconnais parfaitement. Je crois rêver.

Je dépose les sacs sur la table. Madame Lumbago me fait signe de m'asseoir. Pendant qu'elle range le contenu de ses sacs dans la grande armoire et dans le réfrigérateur, moi j'inspecte les lieux. Tout y est… Le petit serin sautille dans sa cage. Le chat frôle mes chevilles…

Pour désamorcer ma gêne, je dis :

— C'est beau chez vous. C'est vraiment, vraiment comme dans mes livres !

— Hé oui, répète-t-elle, exactement comme dans vos livres…

Pour faire une blague, je dis :

— Sauf la couleur des murs !

— Mon Dieu Seigneur, il faudrait me dire de quelle couleur vous les voulez !

Je la dévisage, perplexe. Madame Lumbago esquisse un léger sourire, toussote, empoigne une théière et la dépose au centre de la table. Elle remplit deux tasses et me demande :

— Monsieur Tibo, êtes-vous prêt à entendre la vérité ?

Surpris, le cœur battant, je hoche la tête pour signifier que je suis tout ouïe.

15

La vérité

La vieille dame sirote une gorgée de thé :

— Alors voici… En réalité, Noémie s'appelle Mathilde et moi, je m'appelle Madame Nadeau… Je ne suis même pas sa grand-mère. Je ne suis que sa gardienne, la gardienne qui habite au-dessus de chez-elle…

Confondu, je m'exclame :

— Excusez-moi, mais là, je ne comprends plus rien !

Madame Lumbago, heu, Madame Nadeau, murmure sur le ton de la confidence :

— Voilà, je garde Mathilde plusieurs fois par semaine depuis qu'elle est née. Je lui ai lu et relu des centaines d'albums, puis de courts romans et un jour, nous sommes tombées sur les *Noémie*. Évidemment, nous avons été frappées par la ressemblance entre vos personnages et notre propre vie. Petit à petit, juste pour le plaisir, Mathilde et moi avons commencé à jouer des rôles. Moi, je l'appelais Noémie et elle, elle m'appelait sa grand-maman Lumbago, à tel point que, maintenant, ce sont nos surnoms. Vous comprenez?

Subjugué par ce revirement de situation que je n'aurais jamais pu deviner, je balbutie :

— Heu… oui…

Les yeux rieurs, la vieille dame sirote une autre gorgée de thé. Le petit serin commence à chanter dans sa cage. Le chat saute et se met à ronronner sur mes genoux. Un état de bonheur, semblable à celui que je décris dans mes romans, m'envahit. Je reste là, immobile et silencieux, à savourer ce moment magique, inattendu, inespéré.

Madame Nadeau ajoute :

— Au fil du temps, j'ai arrangé la maison pour qu'elle ressemble aux descriptions que vous faites dans vos histoires. Je me suis procuré un chat, un serin, et ce n'est pas tout…

Je la fixe, hébété, me demandant quelle sera la prochaine surprise.

— Vous savez, Monsieur Tibo, nous avons même emprunté les habitudes de vos personnages. Mathilde et moi, nous nous disons des petits mots d'amour, nous regardons la télévision sous la couette en dévorant des croustilles, nous mangeons souvent de la lasagne, mais ce n'est pas tout…

Bon, j'essaie de ne rien imaginer.

— Nous allons même jusqu'à jouer des scènes complètes de vos romans. Nous avons cherché le foutu trésor dans la maison. Nous avons transformé mon appartement en jardin zoologique. Nous avons joué à la boîte mystérieuse. Nous avons repeint la cage du serin. Nous avons…

En écoutant la vieille dame me parler de sa vie souvent calquée sur celle de mes personnages, je réfléchis à l'importance et à l'influence que peuvent avoir certains livres sur nos vies. J'ai à peine le temps de me souvenir des Arsène Lupin et des Bob Morane qui ont éclairé mon enfance que Madame Nadeau enchaîne :

— Maintenant que j'ai des problèmes avec mes yeux, c'est Mathilde qui me lit et me relit les *Noémie*. Presque tous les soirs, après le souper, elle me raconte un chapitre, ou deux…

Elle sirote une autre gorgée de thé et me confie:

— Chaque fois que Mathilde m'appelle sa «grand-maman chérie en chocolat fondant», eh bien, mon vieux cœur se remplit d'amour... et de bonheur!

Elle ajoute, les yeux pleins d'eau:

— Monsieur Tibo, vous avez changé notre vie...

Je ne sais pas si c'est à cause de la fatigue ou à cause de toutes les émotions vécues depuis hier, mais je ne peux retenir mes larmes. Mes yeux s'embrouillent.

Assis l'un face à l'autre, la vieille dame et moi, nous reniflons en essayant de contenir notre trop-plein d'émotion. Après quelques secondes de malaise, Madame Nadeau se lève, va chercher une boîte de mouchoirs de papier et m'en offre. J'essuie mes yeux. Je me mouche. Et là, il me vient une effroyable impression de solitude. Je regarde la vieille dame, debout devant moi :

— Puis-je vous demander une faveur ?

— Heu… oui !

— Pourriez-vous me serrer dans vos bras… de la même façon que Madame Lumbago le fait avec Noémie ?

Madame Nadeau s'approche en ouvrant les bras. Moi, toujours assis, je me blottis contre sa poitrine et me mets à sangloter comme un enfant. L'espace d'une minute, je me retrouve dans les bras de ma grand-mère, de ma mère, puis de toutes les femmes que j'ai aimées. Des souvenirs remontent à la surface, se diluent et disparaissent dans chacune de mes larmes. Troublé par la succession d'événements vécus depuis hier soir, je sanglote en écoutant battre le cœur de cette vieille dame qui, d'un geste maternel, caresse mes cheveux.

Au bout de mes larmes, je reste là, silencieux, comme Noémie dans les bras de Madame Lumbago. Le petit serin chante à tue-tête. Le chat ronronne sur mes genoux. Soudainement, un petit bruit provient de l'avant de la maison. Je me redresse sur la chaise. La vieille dame relâche son étreinte.

— Mon Dieu Seigneur! Je crois que c'est Mathilde qui revient du parc.

— Oh!

En enfilant un tablier, Madame Nadeau me demande:

— Puis-je, à mon tour, vous demander une faveur?

— Heu… oui!

— Faites comme si nous étions vraiment Noémie et Madame Lumbago!

— …

16

La rencontre mémorable

Mon cœur bat à tout rompre. Je reconnais les pas légers d'une fillette qui saute sur le balcon. Elle ouvre la porte et s'exclame :

— Allô ma belle grand-maman en sucre d'orge et en pain d'épice aromatisé à la cannelle !

— Mon Dieu Seigneur de mon Dieu Seigneur ! Si ce n'est pas ma belle petite Noémie ! Viens !

Approche-toi! Nous avons de la belle visite!

La fillette sautille dans le couloir et s'arrête net à l'entrée de la cuisine. Nous nous regardons tous les deux. Elle fronce les sourcils, écarquille les yeux, puis fixe sa gardienne d'un air interrogateur.

— Noémie, voici Monsieur Tibo, en personne!

Figée sur place, Noémie s'écrie:

— Hein? Monsieur Tibo?

Pour détendre l'atmosphère, je m'écrie à mon tour:

— Hein? Mais c'est Noémie, en personne?

Elle s'approche, les joues roses, les yeux écarquillés:

— Vous... vous ne ressemblez pas à vos photographies.

— C'est parce que je suis plus vieux que sur mes photos... En plus, je me suis fait couper les cheveux et… j'ai les yeux un peu rouges à cause de… de mes allergies!

En esquissant un sourire complice, Madame Lumbago tend mon enveloppe à Noémie:

— Tiens, regarde… Monsieur Tibo a répondu à ta lettre!

Noémie s'empare de la missive, la lit d'un trait, puis me fixe, les yeux pleins d'eau.

Je ne sais plus que dire, que faire. Madame Lumbago me demande:

— Voulez-vous souper avec nous?

Surpris par cette proposition inattendue, je me sens encore plus intimidé… La vieille dame ajoute en souriant:

— Je vais faire réchauffer de la lasagne…

Après un moment d'hésitation, je finis par répondre :

— D'accord... Oui, oui, je sais, je sais... La meilleure lasagne au monde !

Noémie saute de joie. Dans un élan passionné, elle m'embrasse sur la joue, puis elle disparaît en courant dans le couloir.

— Mon Dieu Seigneur, vous venez de faire une heureuse ! me lance Madame Nadeau... heu... je veux dire Madame Lumbago.

17

Dans le lit

Quelques minutes plus tard, les napperons, les assiettes, les ustensiles, les condiments sont disposés sur la table. Un extraordinaire parfum de lasagne embaume la cuisine. Le serin chante tellement fort que nous avons de la peine à discuter. Madame Lumbago s'approche de la cage, l'emporte dans sa chambre et revient en s'exclamant :

— Bon appétit !

Nous mangeons tous les trois en souriant, en papotant. Noémie, assise sur le bout de sa chaise, me pose des questions en rafale. Entre deux bouchées de lasagne, je réponds :

— Non, je n'écris pas à la main… J'écris à l'ordinateur… Oui, je travaille souvent sur plusieurs livres à la fois… Non, je ne les mélange jamais dans ma tête… J'aime jouer au tennis, faire des promenades à bicyclette, jouer de la percussion… Non, je ne veux pas d'autres enfants… Oui, j'aimerais écrire beaucoup d'autres livres… Non, je ne m'ennuie jamais…

Pour me laisser le temps de manger, Madame Lumbago tente de créer des diversions en parlant de la température, du serin ou du chat, mais Noémie, la bouche pleine de lasagne, continue son interrogatoire. Je réponds, entre deux bouchées :

— Quand j'étais petit, je voulais devenir dessinateur… Mes trois livres préférés sont *Simon et les flocons de neige*, *Noémie 1 - Le Secret de Madame Lumbago* et *Ma meilleure amie*… Oui, j'aime les animaux, mais pas trop… Non, je ne suis pas un bon nageur… Oui, j'aime le poulet barbecue… Non, je ne pourrai pas souper avec vous demain soir… Je dois prendre des vacances… Non, je ne sais pas où aller…

Fiou ! Je n'ai presque rien mangé. Pour me donner un peu de répit, Madame Lumbago suggère à Noémie d'aller chercher tous les exemplaires de mes livres pour que je les autographie. La fillette quitte la cuisine. Pendant qu'elle se précipite chez elle, j'en profite pour vider mon assiette :

— Cette lasagne est vraiment la meilleure au monde !

— Merci, répond Madame Lumbago en rosissant.

Noémie revient, les bras chargés de livres. Elle les laisse tomber sur la table, me présente un stylo et me pose des questions sur chacun des personnages. Pendant que Madame Lumbago lave la vaisselle, je réponds :

— Oui, *Rouge timide*, c'est moi lorsque j'étais petit… Le petit géant aussi… *Les Yeux noirs* m'a été inspiré lorsque j'ai rencontré une personne aveugle… *La Choupette*, c'est le surnom de ma fille… *Simon*, c'est le nom de mon garçon… J'ai écrit *Ma meilleure amie* après la mort de mon père… J'ai pensé à la série *Alex* après avoir vu des enfants jouer au hockey dans la ruelle…

Une fois tous les livres signés, je sens la fatigue m'envahir. Je bâille de plus en plus souvent et, je l'avoue, je ne pense qu'à retrouver mon lit.

En voyant ma mine déconfite, Noémie et sa grand-mère m'offrent gentiment de m'accompagner jusque chez moi.

— Ça va nous faire digérer, dit Madame Lumbago.

J'accepte leur offre avec grand plaisir. En silence, nous quittons la cuisine, descendons le grand escalier et empruntons la ruelle. Conscients d'avoir partagé un moment privilégié, nous marchons sous le grand ciel étoilé en nous tenant par la main. Nous traversons une rue, deux rues, trois rues, puis nous tournons à gauche dans la quatrième.

Sur le trottoir devant la maison, nous bavardons un peu, puis, dans un élan de sympathie, je les invite à visiter mon appartement. Un peu intimidée, Madame Lumbago commence par refuser :

— Mon Dieu Seigneur, il ne faudrait pas exagérer.

— Oui, oui, allez grand-maman ! Ça va vous faire digérer !

En riant de bon cœur, elles entrent chez moi pour voir l'endroit où j'écris. Ma table de travail est couverte de manuscrits. Un peu gêné par le désordre, je leur montre mes textes éparpillés un peu partout dans la maison. Il y en a sur les canapés, sur des tablettes, sur le téléviseur, mais…

il n'y en a pas dans le four à micro-ondes. Les yeux grands ouverts, Noémie scrute chaque détail de mon appartement. Elle demande :

— Et le prochain *Noémie*, ça va parler de quoi?

Je lui réponds :

— Installez-vous sur mon lit ! Ne vous gênez pas ! Je reviens tout de suite.

Noémie s'écrie :

— YAHOU!!!

Elle s'élance sur mon lit, tapote mes gros coussins, s'assoit confortablement et, d'un signe de la main, invite sa grand-mère à faire la même chose.

— Mon Dieu Seigneur de mon Dieu Seigneur, tu m'en fais faire des folies, toi…

En riant, je vais chercher le manuscrit du prochain *Noémie*, le remet à la fillette, puis m'assois à ses côtés. Calée entre sa gardienne et son écrivain préféré, elle fixe la première page du manuscrit puis,

intimidée, elle commence à lire d'une voix tremblante.

Au fur et à mesure que la fillette raconte l'histoire, sa voix se dénoue. Bientôt, elle parle, s'exclame et chuchote en empruntant les diverses intonations des personnages. Pendant que la vieille dame écoute attentivement, moi, qui connais le texte par cœur, je bâille, ferme les yeux et m'assoupis…

Après de courtes plongées dans le sommeil, je remonte à la surface pour entendre, chaque fois, la voix de la petite narratrice qui rit, s'exclame et ralentit sa lecture lors des passages les plus émouvants. La musique de sa voix m'emporte au pays des rêves. J'accoste sur une île déserte. Je marche sur une plage qui s'étend à l'infini… Au bout de la plage, j'aperçois, l'un derrière l'autre, tous les personnages de mes livres. Ils sont plus de trois cents, festifs, enjoués et heureux de me donner la main, me faire l'accolade, me féliciter! Je ne suis plus surpris de rien. Mon cœur s'ouvre aussi grand que la mer, que le ciel… À mon tour, je leur tends la main, les serre dans mes bras, les remercie de leur présence, de leur fidélité, de leur enthousiasme, de leur générosité… Nos exclamations de joie se mêlent aux cris des mouettes.

Puis, en marchant à reculons, je leur dis au revoir une dernière fois. Mes personnages disparaissent dans la brume. Je me retourne et continue d'avancer sur la grève, face aux vents chauds qui me caressent le visage.

Smack… Un petit bec sur la joue me fait émerger du sommeil. J'ouvre un œil et aperçois la fillette qui a terminé sa lecture. Elle s'exclame en souriant :

— Le prochain *Noémie* est vraiment le meilleur de la série!

Smack... Grand-maman Lumbago m'embrasse sur le front. Elle replace l'oreiller sous ma tête, me borde comme si j'étais un enfant, m'embrasse de nouveau, puis éteint la lampe de chevet. La vieille dame et la petite fille quittent ma chambre, se retournent et me saluent. Je leur fais un petit signe de la main, puis, malgré la chaleur ambiante, je me blottis entre les draps. Mes deux visiteuses me tournent le dos, descendent l'escalier et referment doucement la porte d'entrée.

Par les fenêtres grandes ouvertes, j'entends une petite voix demander:

— Il est gentil, Monsieur Tibo. Est-ce qu'on le reverra?

Grand-maman Lumbago murmure quelques mots que je n'entends pas. Pendant que mes visiteuses s'éloignent sur le trottoir, j'imagine les longues promenades que je ferai dans les parcs de la ville. Je flâne déjà dans les allées du parc Lafontaine, du parc Laurier, du parc Jeanne-Mance… Près d'un arbre, j'aperçois un joueur de base-ball coiffé d'une casquette aux mille couleurs, un jeune homme en béquilles métalliques, une dame itinérante portant son sac de guenilles. Je sens leur cœur battre dans ma poitrine. Je sens leur souffle dans mon cou. J'entends le chuchotement de leurs voix qui demandent que je les écrive. Tout cela ferait un bon roman pour les adolescents.

Mon cœur accélère sa course. Ma fatigue disparaît d'un seul coup.

Sans même le vouloir, je quitte mon lit, me précipite sur mon ordinateur et commence à écrire comme un possédé.

Je partirai en vacances une autre fois… la semaine prochaine… le mois prochain… l'an prochain…

Pour l'instant, je suis heureux. J'écris.

Le reste n'a pas d'importance.

Remerciements et références

Gilles Tibo et les Éditions Québec Amérique remercient chaleureusement les auteurs, les illustrateurs et les éditeurs suivants pour leur enthousiasme et leur généreuse collaboration à ce projet.

En ordre d'apparition :

En-têtes de chapitres (oiseaux) : *Simon et la plume perdue*, ou *Simon et la ville de carton,* album, Éditions Livres Toundra, 1994, 23 p. **Illus. : Gilles Tibo.**

Simon et le vent d'automne, album, Éditions Livres Toundra, 1989, 23 p. **Illus. : Gilles Tibo.**

Page 11 : *Noémie 11 - Les Souliers magiques,* coll. Bilbo, Éditions Québec Amérique, 2001, 158 p. **Illus. : Louise-Andrée Laliberté.**

Page 20 : *Noémie 17 - Bonheur à vendre,* coll. Bilbo, Éditions Québec Amérique, 2007, 145 p. **Illus. : Louise-Andrée Laliberté.**

Page 21 : *Noémie 12 - La Cage perdue,* coll. Bilbo, Éditions Québec Amérique, 2002, 185 p. **Illus. : Louise-Andrée Laliberté.**

Page 29 : *La Musique du Petit Bonhomme,* album, Éditions Québec Amérique, 2002, 48 p. **Illus. : Marie-Claude Favreau.**

Page 30 : *Les Mots du Petit Bonhomme,* album, Éditions Québec Amérique, 2002, 48 p. **Illus. : Marie-Claude Favreau.**

Page 33 : *La Nuit rouge,* coll. Titan, Éditions Québec Amérique, 1998, 147 p. **Illus. : Charles Vinh.**

Page 36 : *La Nuit rouge,* coll. Titan, Éditions Québec Amérique, 1998, 147 p. **Illus. : Charles Vinh.**

Page 48 : *Les Mots du Petit Bonhomme*, album, Éditions Québec Amérique, 2002, 48 p. **Illus. : Marie-Claude Favreau.**

Page 56 : *Petit Voyage de nuit*, album, Éditions Annick Press, 1994, 31 p. **Illus. : Gilles Tibo** [Texte de Pierre Filion].

Page 57 : *Petit Voyage de nuit*, album, Éditions Annick Press, 1994, 31 p. **Illus. : Gilles Tibo** [Texte de Pierre Filion].

Page 59 : *Le Petit Géant somnambule*, coll. Mini-Bilbo, Éditions Québec Amérique, 2004, 66 p. **Illus. : Jean Bernèche.**

Page 61 : *Le Petit Géant somnambule*, coll. Mini-Bilbo, Éditions Québec Amérique, 2004, 66 p. **Illus. : Jean Bernèche.**

Page 61 : *Petit Voyage de nuit*, album, Éditions Annick Press, 1994, 31 p. **Illus. : Gilles Tibo** [Texte de Pierre Filion].

Page 63 (fleurs) : « Dans un jardin », dans *Autour de la Lune,* album, Dominique et compagnie, 2002, 32 p. **Illus. : Stéphane Jorisch.**

Page 63 (oiseaux) : « Le réveil », dans *Autour du soleil,* album, Dominique et compagnie, 2004, 32 p. **Illus. : Rogé.**

Page 63 (chandelier) : «La Belle Dame», dans *Rêves d'enfance,* album, Dominique et compagnie, 2007, 32 p. **Illus. : Janice Nadeau.**

Page 65 : *Émilie pleine de jouets*, album, Dominique et compagnie, 2003, 32 p. **Illus. : Marie Lafrance.**

Page 68 : *Le Petit Écrivain*, coll. Ma petite vache a mal aux pattes, Éditions Soulières, 2007, 66 p. **Illus. : Linda Lemelin.**

Page 69 : «Le Funambule», dans *Autour de la Lune,* album, Dominique et compagnie, 2002, 32 p. **Illus. : Luc Melanson.**

Page 71 : «Chaque matin», dans *Rêves d'enfance,* album, Dominique et compagnie, 2007, 32 p. **Illus. : Caroline Hamel.**

Page 72 : «Le Trésor», dans *Rêves d'enfance,* album, Dominique et compagnie, 2007, 32 p. **Illus. : Isabelle Arsenault.**

Page 77 : *Le Camping du petit géant*, coll. Mini-Bilbo, Éditions Québec Amérique, 2002, 60 p. **Illus. : Jean Bernèche.**

Page 80 : *Le Gardien du sommeil*, coll. Mon roman, Éditions La courte échelle, 2004, 63 p. **Illus. : Stéphane Jorisch.**

Page 81 : *Le Voyage du funambule,* coll. Mon roman, Éditions La courte échelle, 2004, 61 p. **Illus. : Stéphane Jorisch.**

Page 92 : *Le Grand Voyage de Monsieur,* album, Dominique et compagnie, 2001, 32 p. **Illus. : Luc Melanson.**

Page 95 : *Choupette et maman Lili*, coll. Roman rouge, Dominique et compagnie, 2004, 45 p. **Illus.: Stéphane Poulin.**

Page 98 : *Rouge timide*, coll. Ma petite vache a mal aux pattes, Éditions Soulières, 1998, 44 p. **Illus.: Gilles Tibo.**

Page 100 (personnage 1) : *Alex et le match du siècle*, coll. À pas de loup, Dominique et compagnie, 2004, 32 p. **Illus.: Philippe Germain.**

Page 100 (personnage 2) : *Les Yeux noirs*, coll. Ma petite vache a mal aux pattes, Éditions Soulières, 1999, 45 p. **Illus.: Jean Bernèche.**

Page 102 : *Le Grand Magicien*, coll. roman rouge, Dominique et compagnie, 2002, 42 p. **Illus.: Marie Lafrance.**

Page 106 : *La Vie comptée de Raoul Lecompte*, coll. Mon Roman, Éditions La courte échelle, 2005, 101 p. **Illus.: Pascale Constantin.**

Page 113 : collaboration spéciale de **Gilles Tibo.**

Page 116 : *La Petite Fille qui ne souriait plus*, coll. Ma petite vache a mal aux pattes, Éditions Soulières, 2001, 28 p. **Illus.: Marie-Claude Favreau.**

Page 119 : *La Petite Fille qui ne souriait plus*, coll. Ma petite vache a mal aux pattes, Éditions Soulières, 2001, 28 p. **Illus.: Marie-Claude Favreau.**

Page 124 : *Des Livres pour Nicolas*, album, Éditions Scholastic, 2003, 30 p. **Illus.: Bruno St-Aubin.**

Page 125 : *La Bataille des mots*, coll. Ma petite vache a mal aux pattes, Éditions Soulières, 2004, 48 p. **Illus.: Bruno St-Aubin.**

Page 131 : *Guillaume et la nuit*, coll. Ma petite vache a mal aux pattes, Éditions Soulières, 2003, 44 p. **Illus.: Daniel Sylvestre.**

Page 132 : *Alex et le match du siècle*, coll. À pas de loup, Dominique et compagnie, 2004, 32 p. **Illus.: Philippe Germain.**

Page 134 (groupe de personnages) : *La Nuit blanche du petit géant*, coll. Mini-Bilbo, Éditions Québec Amérique, 2000, 62 p. **Illus.: Jean Bernèche.**

Page 134 (vétérinaire) : *Alex et son chien Touli*, coll. À pas de loup, Dominique et compagnie, 2000, 32 p. **Illus.: Philippe Germain.**

Page 143 : *Simon et la plume perdue*, album, Éditions Livres Toundra, 1994, 23 p. **Illus.: Gilles Tibo.**

Page 153 : collaboration spéciale de **Roger Paré.**

Page 154 : *Ma meilleure amie*, album, Éditions Québec Amérique, 2007, 43 p. **Illus.: Janice Nadeau.**

Page 158 : *Noémie 11 - Les Souliers magiques*, coll. Bilbo, Éditions Québec Amérique, 2001, 160 p. **Illus.: Louise-Andrée Laliberté.**

Page 167 : *Noémie 15 - Le Grand Amour*, coll. Bilbo, Éditions Québec Amérique, 2005, 239 p. **Illus.: Louise-Andrée Laliberté.**

Page 181 : *Alex et son chien Touli*, coll. À pas de loup, Dominique et compagnie, 2000, 32 p. **Illus.: Philippe Germain.**

Page 183 : *Noémie 10 - La Boîte mystérieuse*, coll. Bilbo, Éditions Québec Amérique, 2000, 162 p. **Illus.: Louise-Andrée Laliberté.**

Page 185 : *Noémie 17 - Bonheur à vendre*, coll. Bilbo, Éditions Québec Amérique, 2007, 145 p. **Illus.: Louise-Andrée Laliberté.**

Page 187 (personnage 1) : *La Chambre vide*, coll. Ma petite vache a mal aux pattes, Éditions Soulières, 2005, 48 p. **Illus.: Geneviève Côté.**

Page 187 (personnages 2 et 3) : *Le Petit Écrivain*, coll. Ma petite vache a mal aux pattes, Éditions Soulières, 2007, 66 p. **Illus.: Linda Lemelin.**

Page 187 (personnage 4) : *Ma meilleure amie*, album, Éditions Québec Amérique, 2007, 43 p. **Illus.: Janice Nadeau.**

Page 187 (personnage 5) : *Bisou et chocolat*, coll. roman rouge, Dominique et compagnie, 2006, 44 p. **Illus.: Marie-Claude Favreau.**

Page 187 (personnage 6) : *Le Petit Musicien*, coll. Roman rouge, Dominique et compagnie, 2001, 45 p. **Illus.: Marie Lafrance.**

Page 187 (personnage 7) : *Roro le cochon savant*, album, Dominique et compagnie, 2005, 32 p. **Illus.: Bruno St-Aubin.**

Page 187 (personnages 8 et 9) : *Les Chiffres du Petit Bonhomme*, album, Éditions Québec Amérique, 2003, 47 p. **Illus.: Marie-Claude Favreau.**

Pour en savoir plus :

www.lesamisdenoemie.com
www.noemielesecret.com

Fiches d'exploitation pédagogique

Vous pouvez vous les procurer sur notre site Internet à la section jeunesse / matériel pédagogique.

www.quebec-amerique.com

GARANT DES FORÊTS INTACTES

L'impression de cet ouvrage sur papier recyclé a permis de sauvegarder l'équivalent de 52 arbres de 15 à 20 cm de diamètre et de 12 m de hauteur.

Achevé d'imprimer au Canada
en février 2009
sur les presses de Imprimerie Lebonfon Inc.